Torkild Hinrichsen

Weihnachten in Norddeutschland

Ein Bild-Abc zu alten lieben Geheimnissen

Mit einem Vorwort von Gerhard Kaufmann
Beiträge von Wolfgang Poppelbaum
und Lars Rebehn

Altonaer Museum in Hamburg – Norddeutsches Landesmuseum

Husum

Erschienen anlässlich der gleichnamigen Ausstellung im Altonaer Museum von Torkild Hinrichsen und Regina Meinecke mit freundlicher Unterstützung durch die Hamburger Feuerkasse

Herausgeber: Prof. Dr. Gerhard Kaufmann und Dr. Torkild Hinrichsen für das Altonaer Museum in Hamburg – Norddeutsches Landesmuseum – Stiftung des öffentlichen Rechts

Photographie: Dr. Torkild Hinrichsen mit Ergänzungen durch: Silke Lachmund: Titel; Dieter Otte: 17, 54, 59, 67; Asmus Henkel: 65; Gunver Hinrichsen: 43, 44, 51

Historische Photos und Graphiken: Sammlung Hinrichsen und deutsches Spielzeugmuseum, Sonneberg, S. 27, 28

Diktat-Transskripte des Textes und Lektorat: Sylvia Jodat, Burkhard Möller, Ursula Richenberger

Schmuckbuchstaben von Otto Eckmann, um 1900

Umschlagbild: Oblate aus einem Album des Altonaer Museums, um 1900.

Die Deutsche Bibliothek – CIP-Einheitsaufnahme

Ein Titeldatensatz für diese Publikation ist bei Der Deutschen Bibliothek erhältlich.

Das Altonaer Museum dankt Herrn Wolfgang Poppelbaum und der Hamburger Feuerkasse für die freundliche Förderung des Projektes.

Gerhard Kaufmann
Torkild Hinrichsen

Satz und Lithographie: Fotosatz Husum GmbH
Druck und Verarbeitung: Husum Druck- und Verlagsgesellschaft
Postfach 1480, D-25804 Husum – www.verlagsgruppe.de
ISBN 3-88042-921-9

Weihnachten in Norddeutschland

„Weihnachten in Norddeutschland“ ist das Thema einer Ausstellung in der Reihe weihnachtlicher Präsentationen des Altonaer Museums in Hamburg, die von Kunsthandwerkermessen und Verkaufsständen für weihnachtlichen Schmuck, Spielzeug und andere Geschenke begleitet sind und inzwischen mit unserem Haus als „traditionell“ erwartungsvoll verbunden werden. Nach Ausstellungen, die auf die Zentren der deutschen Spielzeug- und Christbaumschmuckproduktion im östlichen Erzgebirge und im südöstlichen Thüringer Wald bezogen waren, lag es nahe, die Blickrichtung zu wechseln und uns dem Weihnachtsfest in Norddeutschland zuzuwenden.

Wir gingen dabei zunächst von der Annahme aus, dass – wie es die Titel etlicher Publikationen auch nahe legen – Weihnachten in Norddeutschland gewiss auf sehr spezielle Art gefeiert werde, die sich in Bräuchen, Geschenken, Ausschmückung der Wohnung, Speisen und Getränken von jener in anderen Regionen unterscheidet. Bei genauerer Betrachtung allerdings stellte sich heraus, dass es zwar einige Besonderheiten gibt oder bis an die Gegenwart heran gegeben hat, dass aber bei weitem die meisten Formen der Ausgestaltung des Weihnachtsfestes überall in Deutschland und oft sogar darüber hinaus gleich oder doch sehr ähnlich waren oder sind. Unterschiede gibt es viel eher zwischen Stadt und Land, weil eben – allenthalben – auf dem Land sich die Lebensverhältnisse früher stark und heute für Teile der ländlichen Bevölkerung immer noch deutlich von jenen in der Stadt unterscheiden. Man denke nur an die Tiere auf einem Bauernhof, die geschlachtet oder mit Umsicht gefüttert werden müssen und somit bestimmte Verhaltensweisen gerade auch um das Weihnachtsfest herum zwangsläufig zur Folge haben. Man denke auch an ganz andere Spiel- und Wahrnehmungsmöglichkeiten der Kinder, die sich erst heute im Zug stärkerer Fixierung auf Medien aller Arten, insbesondere auf das Fernsehen und die verschiedensten Weisen des Musikempfangs in Stadt und Land einander stark angeglichen haben.

Es gab einige „Spezialitäten“ in Norddeutschland, etwa die Weihnachtsgestelle auf den Nordfriesischen Inseln, bei denen dahingestellt bleiben kann, ob sie Relikte älterer, ähnlich auch andernorts vor Einführung des Weihnachtsbaums üblicher Gestelle oder in der baumarmen Gegend Ersatz für den grünen Nadelbaum waren – mit ziemlicher Sicherheit trifft beides zu. Es gibt auch generell Unterschiede in Bezug auf den Weihnachtsbaum selbst, der in Schleswig-Holstein durchweg zunächst eine Fichte war, in anderen Gegenden Norddeutschlands aber auch – weil der Wald gar nichts anderes hergab – eine Kiefer sein konnte, während in manchen südlicheren Gegenden die Tanne ins Haus geholt wurde, weil sie eben in der Gegend heimisch war. Heute hat man überall die nahezu freie Auswahl zwischen den verschiedensten Nadelbäumen. Es gab in Norddeutschland, besonders in Hamburg und Bremen, bestimmte Formen von wunderbar ausgezierten Weihnachts- und Neujahrswünschen, die sich von jenen anderer Gegenden unterschieden, aber abgesehen davon, dass evangelisch-lutherische Schulerziehung eine ihrer Voraussetzung war, handelt es sich doch vor allem um gewisse Zufälligkeiten eines künstlerisch gut entwickelten Druckereigewerbes. Und natürlich gab und gibt es bestimmte Besonderheiten in der Zubereitung von Speisen, sei es, dass die Landwirtschaft spezielle Produkte hervorbrachte wie in den norddeutschen Heidegebieten den Buchweizen, sei es, dass die Seefischerei den Speiseplan mitbestimmte, sei es, dass in den Hafenstädten und ihrer Umgebung ausländische Produkte leichter und gelegentlich auch preiswerter zu haben waren als andernorts und manche daraus entstandene Gewohnheiten sich bis heute gehalten haben. Unter den Getränken sei an südeuropäische Rotweine, karibischen Rum und ostindischen Arrak gedacht, auch waren die ausländischen Gewürze, Reis und Sago, dazu auch Apfelsinen, Zitronen und Rosinen in den großen Hafenstädten einfacher zu beziehen als fern im Binnenland. Für die südeuropäischen Produkte war der Transport zu Schiff um so vieles leichter zu bewältigen als der mit dem Planwagen über die Alpen! Und schließlich machte sich auch der eine oder andere skandinavische Einfluss in Norddeutschland bemerkbar, wenn etwa die Bratkartoffeln zum Grünkohl in manchen Gegenden Schleswig-Holsteins karamellisiert und somit süß sein mussten.

Aber insgesamt überwiegen bei weitem die Gemeinsamkeiten, sieht man von kleinsten, durch allerlei Zufälligkeiten verursachten lokalen Unterschieden, die es aber wiederum überall gab, ab: Letztlich schenkte man allenthalben das gleiche Spielzeug und verwendete man den gleichen Christbaumschmuck, denn überallhin kamen diese Wunderdinge aus Sachsen und Thüringen, gelegentlich aber sogar aus noch weiterer Ferne, aus dem Grödner Tal in Südtirol zum Beispiel. Spätestens seit dem 19. Jahrhundert waren sie auch in norddeutschen Familien von ungewöhnlich großer Bedeutung, durchweg allerdings oft ohne Kenntnis ihrer Herkunft. Und allenthalben traten letztlich die gleichen Engel, der gleiche Nikolaus, der gleiche Knecht Ruprecht und auch der gleiche Weihnachtsmann auf, selbst wenn er örtlich verschieden bezeichnet wurde oder wird. Wie sollte es aber auch anders sein? Die christlichen Wurzeln solcher Bräuche sind schließlich allerorts dieselben, auch in den evangelischen Gebieten haben sich kaum wesentliche Varianten herausgebildet, wenn man einmal vom Verdrängen der Heiligen absieht; aber das zu Weihnachten oder um Weihnachten herum wirklich wichtige „Personal" ist davon kaum betroffen, nicht die Heiligen Drei Könige, nicht der Heilige Nikolaus, nicht einmal der Heilige Martin, dessen Martinsgans sich auch in Norddeutschland großer Beliebtheit erfreut. Und selbst Fasten-Essgewohnheiten haben sich im evangelischen Norden gehalten, auch wenn sich die Tage des Verzehrs – im Norden wie im Süden – verschoben haben. Erwähnt sei nur der Karpfen zum Heiligen Abend oder zu Silvester.

Haben wir es somit überall in Deutschland statt mit Verschiedenem viel mehr mit Gemeinsamem zu tun, das mit der wachsenden Verkehrserschließung, der sich ausbreitenden Kommunikation über die Medien, der Ausweitung des nationalen und des internationalen Handels und der gesteigerten Mobilität der Bevölkerung noch zunimmt, so ist besonders nach dem Zweiten Weltkrieg als neues Element – aber wieder allenthalben – eine anwachsende Internationalisierung – vor allem aus Nordamerika – zu beobachten. Besonders bei den aus den USA zu uns gelangenden Neuerungen ist aber daran zu erinnern, dass viele davon zunächst aus Deutschland in die USA gekommen waren. Das waren nicht nur Sitten und Gebräuche, sondern – exportiert über die großen Häfen Norddeutschlands – auch Spielzeug und Christbaumschmuck aus dem Erzgebirge und Thüringen, dazu vom Ende des 19. Jahrhunderts bis zum Ersten Weltkrieg auch Bildpostkarten, Oblaten und andere chromolithographische Erzeugnisse aus den Zentren der deutschen Druckindustrie. In den USA haben sie sich fortentwickelt und kommen jetzt zusammen mit etlichen Neuerfindungen in gewandelter, moderner Form zu uns zurück.

Doch wenn das Gemeinsame so überwiegt und das Verschiedene eher die Ausnahme ist, wie soll daraus eine Ausstellung werden? Mein Kollege Torkild Hinrichsen hat unter nahezu ausschließlicher Verwendung der eigenen reichen Sammlungsbestände des Museums den Weg eines zunächst ungewöhnlich erscheinenden Alphabets gewählt, in dem die mit Weihnachten verbundenen Personen, Objekte, Speisen, Getränke, Bräuche und Begriffe abgehandelt und gegebenenfalls norddeutsche Besonderheiten aufgezeigt werden. Das erwies sich für die Ausstellung wie für dieses Buch als tragfähiges Konzept. Ihm gilt mein herzlicher Dank wie all den vielen ebenfalls Beteiligten.

Gerhard Kaufmann

Durchs Schlüsselloch der Weihnachtsstube

Die Tür war zu und abgeschlossen, bis zum Weihnachtsabend – für Kinder die Tür zum jährlichen Himmelreich. Mit gleicher Autorität wie der Erzengel Michael bewachten die Eltern das weihnachtliche Geheimnis, das erst unter Verschluss zu einem wurde: die bürgerliche Weihnachtsstube, deren Aussehen wir vom Vorjahr eigentlich kannten und in der ja nichts verändert werden durfte, damit es auch wirklich und richtig Weihnachten werde, mindestens so schön, wie wir es im Vorjahr erlebt hatten. Und dann … war die Freude jedes Mal gleich groß, oder fast, denn es war, als verlöre der festliche Glanz mit jedem Jahr an Strahlkraft, als nähere sich das erwartete Geheimnis der Wirklichkeit, die hinter der Verklärung unserer persönlichen Erinnerung liegt. Spätestens dann, wenn wir selbst die Verantwortung für die „Wirklichkeit" des Geheimnisses um Weihnachten von unseren Eltern übernahmen, merkten wir, inwieweit Geheimnisse wirklich welche sind und dass Weihnachten uns aus der Hand gleiten kann, weil wir zu große Erwartungen daran knüpfen. Die Statistik, die wirklich alles hinterfragt, hat auch Weihnachten abgeklopft und festgestellt, dass ausgerechnet und gerade zu Weihnachten, wenn die Menschen nicht wie ehemals zusammenrücken, sondern gezwungenermaßen aufeinander hocken, es statt harmonischer Familienszenen oftmals zu Streit, Zank und Handgreiflichkeiten kommt, weil man diesen festlichen Zwang des Zusammenseins nicht erträgt und die Erwartungen nicht erfüllen kann, dass alles wirklich wieder so wird, wie in den fernen Weihnachten zuvor, als alles schöner war. Wir erwarten von Weihnachten zu viel und sind enttäuscht. Es scheint, dass „früher" die Tannenbäume höher waren und grüner, die Apfelsinen anders dufteten.

Wir alle wissen aber, dass der schnelle, verbotene Blick durch das verstopfte Schlüsselloch einer der absoluten Höhepunkte jener ferner Weihnachten war, er versprach das Märchenhafte und Wunderbare. Und Jahr für Jahr tauchten sie wieder auf, die wunderbaren Dinge an den Zweigen des grünen duftenden Baumes: die silberschimmernden Kugeln, die roten Glasäpfel, und Vögel so fein und leicht mit Schwänzen aus gläsernen Fäden. All dies hatte, wie wir wohl ahnten – im Weihnachtskasten geschlummert, der sich auf Dachböden, in Kellern und in hintersten Ecken von Kleiderschränken verbarg und verbirgt: verblichene, staubige Kisten und Schachteln der Zeit unserer Groß- und Urgroßeltern, gehütete Heiligtümer, ja kostbare Schreine der Familie. Die Kostbarkeiten erweckte man jährlich aus ihrem Schlummer, entnahm sie behutsam den Kisten, zwischen Watte und Papierschnitzeln: ein Gruß von all den Lieben, die längst fort waren, die aber einst vor langer Zeit selbst diese Dinge ausgepackt, genutzt und wieder eingepackt hatten. Bunte, zerbrechliche Schätze, einmal im Jahr zum Leben erweckt – Herrlichkeiten des Paradieses mit einem Hauch der Erinnerung an das Glück, das ihr Glas widergespiegelt hatte, verzerrte, gläserne Spiegel glücklicher, kindlicher Erinnerung. Diese ist ganz persönlich, da jeder sein eigenes Weihnachten hat. Wir möchten mit diesem Büchlein durchaus keine Belehrung schenken, nur der Erinnerung etwas helfen. Dabei dient das Abc lediglich der Orientierung, damit wir uns im Damals besser zurechtfinden, das Weihnachten von Heute richtig zu verstehen, um getrost auf viele weitere zu hoffen, in denen wir all den lieben Dingen dann wieder begegnen, die auch nach uns wieder und wieder kommen und unsere Nachfahren genauso begeistern wie uns, zu einem frohen Fest über Zeit und Raum.

Torkild Hinrichsen, Altona im September 1999

A

Aberglaube

Die Zeit vor, um und nach Weihnachten wird von vielen Vorstellungen und Handlungen begleitet, die als Aberglaube bezeichnet werden könnten. Gemessen am Christentum sind dies Handlungen zur Abwehr des Bösen, zum Erzielen von Glück, zur Sicht auf die Zukunft oder deren Beeinflussung, aber auch zur Heilung von Krankheiten usw. Oft erklärt sich solcher Aberglaube aus jahrhundertealtem Brauchtum, der teilweise bis in „heidnische" Zeit zurückreicht, mitunter sogar Reste darin verborgener vorchristlicher Glaubensvorstellungen. Viele dieser Handlungen werden erst richtig wirksam, wenn man sie in Heimlichkeit ausführt und auch davon niemandem berichtet.

Am Weihnachtsabend sollte man aus den Futterkrippen im Stall das Futter herausnehmen, damit das Vieh durch seine Fressgeräusche nicht Hexen anlocke. Diese lassen sich erfolgreich abwehren durch Metall, das man stattdessen hinein in die Raufe legt. Es empfiehlt sich, seine Obstbäume als Maßnahme gegen Raupen mit Binden aus Roggenstroh zu umwinden, das zuvor in der Brühe der weihnachtlichen Erbsensuppe gezogen hat. Die Weihnachtskrapfen lassen sich außer als Delikatesse auch zu Prophezeiungen verwenden, denn dreimal um das Haus getragen, erscheint an der letzten Hausecke der zukünftige Bräutigam. Auch um den Weihnachtsbaum, der doch keine lange Tradition hat, bildete sich ein eigener Aberglaube: Ähnlich wie im Herbst die Zahl der Korngaben dürfen auch die Menge der Lichter auf dem Baum nicht ungerade sein, sonst stirbt im folgenden Jahr jemand. Gerade umgekehrt verhält es sich allerdings mit dem Weihnachtsstrauß, den man zu Besuch mitnimmt und der keine gerade Anzahl Blumen enthalten sollte. Andernfalls folgt „Unglück".

Auch hüte man sich beim weihnachtlichen Nüsseknacken einen schwarzen Kern zu erwischen, denn der deutet auf baldigen Todesfall. Ein ganz schlimmes Vorzeichen ist das Umfallen des Weihnachtsbaumes, was in der Tat erklärlich scheint, wenn die Kugeln zerbrechen und die brennenden Kerzen die Wohnung anstecken (→ *Feuer*). Die Kornernte des nächsten Jahres lässt sich durch Herausziehen von drei Ähren aus dem Strohdach prognostizieren: „Ich will Roggen, Hafer und Buchweizen ziehen" hieß es in Bremervoerde noch um 1930, und je länger die erwischten Halme waren, desto besser würde die jeweilige Sorte gedeihen. Das Aufblühen der „Rose von Jericho" (→ *Blumen*) und die Tonart des Grunzens der Schweine ließ Aussagen über Ernteertrag und Wetter im folgenden Jahr zu. Wäschewaschen sollte man ebenfalls über Weihnachten unterlassen wegen eintretender schlimmer Folgen, besonders zwischen Weihnachten und Neujahr, wie es um 1930 noch in Berlin gehandhabt wurde. Die weiße Wäsche auf der Leine würde nämlich an Totenhemden und Leichenhemden erinnern und diese geradezu herbeizitieren. Zum Gedeihen des Viehs und Abwehr des Bösen ist es ratsam, etwas vom Weihnachtsessen unter das Viehfutter zu mischen. Viele Mitmenschen sichern sich noch heute eine Schuppe des Weihnachtskarpfens (→ *Karpfen*) für ihr Portemonnaie, um das ganze Jahr pekuniären Nutzen davon zu haben.

Mit dem Weihnachtsabend beginnen die geheimnisumwitterten 12 Nächte, die bis zum 6. Januar andauern. In Süddeutschland nennt man sie Raunächte, weil Räucherungen des Hauses die bösen Geister der Jahreswende vertreiben helfen. Es gilt in dieser Zeit Ruhe zu bewahren, etwa laute Arbeit wie das Dreschen von Getreide zu unterlassen und alle Räder, auch Nähmaschine und Spinnrad, nicht in Gang zu setzen. Der Traum spielt in dieser Zeit eine große Rolle, denn er kann im neuen Jahr in Erfüllung gehen. Auch das Wetter wird in diesen Tagen genau beobachtet, weil es Hinweise gibt auf die Wetterlagen im neuen Jahr, eine Vorstellung, die ebenso im Norden verbreitet gewesen ist, wenngleich dafür heute kein Name mehr bekannt ist, wie beispielsweise die so genannten „Lostage" im Rheinland. Jeder der zwölf ist auf einen Monat bezogen, der erste auf den Januar, der zweite auf den

Dezember, und die Vorzeichen der einzelnen Tage beziehen sich auf die jeweiligen Monate des nächsten Jahres.

Advent

Advent, abgeleitet vom lateinischen „adventus“, steht für das Warten und die Vorbereitungszeit auf die „Ankunft“ Christi. Ähnlich wie die Zeit vor Ostern wird dabei gefastet. Die katholische Kirche hat bis ins 20. Jahrhundert daran festgehalten, in diesen vier Wochen keine Trauungen und „Lustbarkeiten“ zu gestatten. Der erste der vier Adventssonntage bezeichnet den Beginn des Kirchenjahres.

Adventsnachmittage, wie wir sie heute kennen, mit Kerzenschein, mit Kaffeetrinken, Gesellschaftsspielen und ersten weihnachtlichen Leckereien sind erst nach dem Zweiten Weltkrieg allgemein üblich geworden, wenngleich der → *Adventskranz* und die Adventsandachten im Norden seit Generationen bekannt sind.

Weihnachtsuhr, Hamburg 1902, Privatbesitz.

„Christkindleins Festzug“, Adventskalender mit Ziehfiguren, Verlag Reichold und Lang, München, 1935, Privatbesitz.

Adventskalender

Der Adventskalender oder „Weihnachtskalender“, wie er später hieß, scheint ähnliche Wurzeln zu haben wie der Adventskranz. Elise Averdieck (1808–1907) aus dem Freundeskreis von Wichern beschreibt 1851: „Jeden Abend kommt ein neues Bild an die Tapete, und die Kinder wissen es schon, wenn alle 24 Bilder an der Tapete hingen, dann ist Weihnacht da“.

Ein regelrechter Zeitmesser sind aber wohl erst die nach 1900 entstandenen und gedruckten eigentlichen Weihnachtskalender. 1902 erschien in der Zeitschrift „Der Deutsche Kinderfreund“ die Reklame für eine „Weihnachtsuhr“, „bei der Evangelischen Buchhandlung in Hamburg erschienen und durch jede Buchhandlung für 50 Pfennig zu beziehen“. Ein Zeiger ließ sich über das Pappziffernblatt führen und für jeden Tag vom 13. (!) bis zum 24. eine entsprechende Adventsverheißung lesen und verinnerlichen, etwa „Tochter Zion, freue dich, jauchze laut Jerusalem!“

oder, wie es am 18. hieß: „Alle Jahre wieder kommt das Christuskind auf die Erde nieder, wo wir Menschen sind."

1910 brachte Clara Zinn in ihrem „Kinderspiel und Spielzeug" (Leipzig / Berlin 1910) eine Bastelanleitung für eine solche Uhr mit zwölf entsprechenden Versen, die, als Weihnachtsgedicht auswendig gelernt, sich bis heute lebendig erhalten haben:

„Abends wenn die Lampe brennt,
hört man bimmel, bimmel!
Tripp, trapp kommt was angerennt,
das ist Christkinds Schimmel."

Diese Adventsuhren wurden verdrängt von der heute noch üblichen Form des Türchenkalenders. Das geduldige Warten Tag für Tag wird mit einem Bilde belohnt, das auf Pergamin gedruckt rückwärtig durchscheinend war, wenn der Kalender etwa vor einem Fenster aufgehängt oder vor einem brennenden Licht aufgestellt wurde. Diese Kalender tauchen erst nach dem Ersten Weltkrieg auf, ab 1920 etwa im Sortiment des Münchener Verlages Reichold & Lang, der schon 1908 ein regelrechtes Christkindleinshaus mit aufklebbaren Bildchen gedruckt hatte.

Heute bevorzugen die Käufer Adventskalender, wie sie von Supermärkten meist bereits Ende August angeboten werden, mit essbaren Überraschungen gefüllt. Diese sind vermutlich von Gerhard Lang um 1925 erfunden. Besonders werden sie von der Firma PEA (Petzold & Aulhorn) seit den 1935er Jahren in Dresden, heute in Hamburg hergestellt. Die Adventskalender der DDR unterschieden sich von den westlichen kaum. Es fehlte auf ihnen nur jegliche christliche Thematik. Die Überraschungskalender wurden vom VEB Glasschmuck Lauscha vertrieben, aus Mangel an Schokolade allerdings leer. Die Füllung hatten die Eltern oder die Verwandten aus dem Westen zu besorgen.

Adventskranz

Der Adventskranz geht auf den evangelischen Theologen Heinrich Wichern (1808–1881) zurück. In seinem „Rauhen Haus" in Hamburg-Horn (1833) hielt er Adventsandachten ab, in denen brennende Kerzen und Tannengrün Verwendung fanden. 1847 schreibt er in den „Fliegende Blätter aus dem Rauhen Hause" über die tägliche, fünf Minuten währende kurze Versammlung aller Hausgenossen vom 29. November bis zum 1. Weihnachtstag. So

> „erneuerte die an der Geschichte fortschreitende Verlesung der alten, göttlichen Verheißungsworte das Gedächtnis der kommenden Gnade und Herrlichkeit, die täglich sich mehrenden und heller strahlenden Lichter im Kronleuchter des Beetsaals fanden ihre Deutung in dem oft gesungenen Adventsliede:
> Die schönen Lichter zeigen's an,
> Es ruft die Feierzeit,
> Christ unser sieht heran,
> Ihm sei das Herz geweiht."

1850 schreibt er vom „einfachen Kranz, den der Kronleuchter auf seinen Armen trägt, und auf dem Kranze brennt das erste Licht, weil heut der erste Adventstag ist."

Eine frühe Adventskrone findet sich 1907 abgebildet im „Volksblatt zur Förderung der Inneren Mission". Weitere Verbreitung und seine heutige Ausformung als waagerecht aufgehängter Tannenkranz mit vier Kerzen fand der Adventskranz aber wohl erst nach 1899 mit dem „Wandervogel", der bündischen Jugendbewegung, die mit Kerzen bestückte grüne Kränze in den Stuben aufstellte. Wirklich populär in ganz Deutschland dürfte der Adventskranz erst mit dem Ersten Weltkrieg geworden sein, als Verwundete aus ganz Deutschland ihn in den Lazaretten leuchten sahen und er Blockhäuser und Unterstände schmückte. Dieser Brauch wurde sofort von der Heimat wegen seines patriotischen Anstrichs übernommen, wie auch der → *Weihnachtsbaum* im und nach dem Krieg von 1870/71.

Der Adventskranz breitete sich vom Norden nach Süden aus, wie eine Befragung des Atlas für Deutsche

4. Advent 1955.

Volkskunde um 1930 ergab. Er galt in katholischen Gebieten als ausgesprochen „evangelisch“ und ist bis heute mit seinen vier nacheinander angezündeten Lichtern eine Art Kalender für die Zeit bis zum → *Heiligen Abend*, ähnlich wie die → *Adventskalender*.

Apfel

Zu Weihnachten spielt der rote Apfel eine besondere Rolle. Nicht nur war er eine der wenigen Früchte, die sich gut aufheben ließen. Ein Apfel war außerhalb der Erntezeit noch in den 1950er Jahren beliebtes Geschenk an ein „braves“ Kind. Auch auf dem bunten Teller fehlte er nicht, und er war unverzichtbarer Teil des essbaren Schmuckbehanges am Weihnachtsbaum, der sich nach den Festtagen „plündern“ ließ. Dem Apfel haftete seit Jahrhunderten das Symbol der Fruchtbarkeit an, er war Liebeszauber und Hochzeitsgabe. In vielen deutschen Märchen finden sich Spuren dieses alten Glaubens. Der Apfelbaum ist der Lebensbaum, ein Teil des verlorenen Paradieses. Bereits in der griechischen Mythologie begegnen wir dem Apfel als erotischem Symbol. Die biblische Erzählung knüpft an ähnliche Vorstellungen an, wie der erste Mensch in Versuchung fällt und versagt. So wurde der Apfel zum Symbol des Sinnenreizes und der „Erbsünde“.

Aus den Wildsorten des Apfels waren um 1900 bereits über 1000 Varietäten gezüchtet worden. Nach der unterschiedlichen Reife der Äpfel, ihrer verschiedenen Haltbarkeit unterscheidet man seit alters Sommeräpfel, Herbstäpfel, Winteräpfel. Letztere müssen zwei Monate länger reifen und entfalten ihr volles Aroma erst zu Weihnachten. Man erntete ihn erst, wenn die Blätter des Baumes abgefallen waren. Dann stand der Baum wie geschmückt da mit roten oder gelben leuchtenden Kugeln, ein Bild, das auf den Glaskugel-Schmuck des Weihnachtsbaumes übertragen wurde.

Heute kann man zu jeder Jahreszeit fast jedes Obst erhalten, sodass der Apfel weitgehend seine weihnachtliche Faszination eingebüßt hat, welches auch für die → *Apfelsine* gilt. Grüne, saure Äpfel, die ohne weihnachtlichen Schmuckwert sind, werden auf den Weihnachtsmärkten nachgebessert. Noch heute spießt man sie auf einen Stiel und überzieht sie mit rotem geschmolzenem Zucker zum beliebten „Liebesapfel“. Die roten gläsernen Kugeln des Weihnachtsbaumes sind künstliche Abbilder der richtigen Äpfel. Einen Apfel am Heiligen Abend zu essen, soll im ganzen kommenden Jahr vor Unglück schützen. Es ist üblich, die Kerne des Weihnachtsapfels aufzuheben und einzupflanzen. Auch als Orakel muss der Apfel herhalten. Zerschneidet man den Apfel in zwei Hälften und bleiben die Kerne ganz, ist das eine günstige Prognose für das kommende Jahr. Schält man den Apfel, ohne dass der Schalenstreifen reißt, kann man Letzteren über die Schulter werfen, was eine nicht näher definierte günstige Wirkung haben soll.

Apfelsine

Die Apfelsine (bzw. Orange oder Pomeranze) war von den Portugiesen im 16. Jahrhundert aus Südchina nach Lissabon gebracht worden. Von hier aus verbreitete sich der Anbau des „Chinaapfels“ im gesamten Mittelmeerraum. Ihre symbolische Nutzung steht im Gegensatz zur Zitrone, die seit dem 15. Jahrhundert mit Begräbnissen verbunden wurde, selbst als Grabbeigabe diente und Gabe an die Leichenträger war. Ähnlich wie stark riechenden Gewürzen und Kräutern wurde ihr eine geisterabwehrende Wirkung zugeschrieben. Die Apfelsine jedoch war noch in den 1950er Jahren eine teure, edle Saisonfrucht, die es nur zu Weihnachten gab, weil die Anbauländer sie nicht ganzjährig anbieten konnten. Kleine schnelle Segelschiffe, die „Fruchtjäger“, meist aus Blankenese, brachten seit den 1830 Jahren jeweils 1000–2000 Kisten mit Südfrüchten in 20 bis 30 Tagen nach Norden, von wo aus der Landtransport nach Süden ausging. Der Duft der aufgebrochenen Schale und die Nutzung im Gebäck (Orangeat) und Punsch gehört für viele von uns wie der Duft von Tanne und Kerzen zu den essentiellen, lieben Erinnerungen an viele Weihnachtsabende. Ein ungeheurer Luxus, den sich nur reiche Familien erlauben konnten, war das Bestecken der Orangen mit Gewürznelken („Näglein“) zur Herstellung eines Potpourris, das wochenlang Wohlgeruch verbreitete. Nach Weihnachten in Seidenpapier eingehüllt, war es im Kleiderschrank ein wirksames Mittel gegen Motten.

Guten Abend, gute Nacht
von Rosen bedacht
mit Näglein besteckt
krauch unter die Deck.
Morgen früh, wenn Gott will
wirst du wieder geweckt.
(Wiegenlied von Johannes Brahms)

Backwerk

Zu den Jahres- und Familienfesten gehört unterschiedliches Festgebäck, das innerhalb Deutschlands regional stark variiert. Eine unüberschaubare Menge von Broten und Kuchen hatte sich bis 1900 nach alter Überlieferung erhalten und erfuhr erst mit dem Aufkommen von Großbäckereien und Brotfabriken eine größere Vereinheitlichung, nachdem die Eisenbahn den Vertrieb der Produkte im ganzen Land ermöglicht hatte.

Die persönliche Tradition der Hausbäckerei wird durch die immer größere Verbreitung von Kochbüchern und Anweisungen für die „junge“ Familie von außen gesteuert und weitgehend vereinheitlicht. Die Zuzüge von Flüchtlingen nach dem Zweiten Weltkrieg haben ein Übriges getan, die örtlichen Eigenheiten mehr und mehr zu verschleifen. Heute gibt es fast alles fast überall fast das das ganze Jahr über zu kaufen. Typisches Weihnachtsgebäck war etwa 1999 bereits Ende August in den Supermärkten erhältlich.

Charakteristisches Festgebäck sind die so genannten „Gebildbrote“, die frei geformt oder aus Holzformen gezogen sein können. Ursprünglich waren sie offensichtlich gebackene Imitationen tatsächlicher Gaben oder Opfer an die Götter, möglicherweise auch Speiseopfer. Die Figurenkuchen sind bereits vor dem

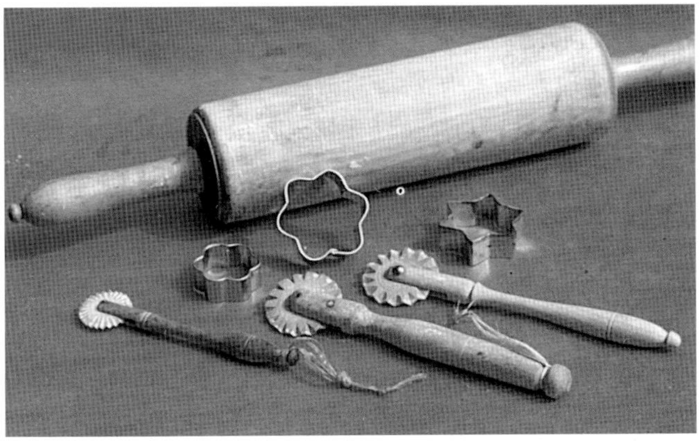

Ausrüstung für Kleingebäck, um 1900, Privatbesitz.

Weihnachtsbaum im ganzen Land verbreitet gewesen. Die Gebäcke heißen auch „Kinnjeeskoken“ und in Nordfriesland „Kinkentjüg“. Andere Ausdeutungen meinen, man verleibe sich mit dem geformten Backwerk gleichsam symbolisch die Kraft des Wesens ein, das dargestellt ist. Aus den verschiedensten Wurzeln des Glaubens und → *Aberglaubens* kommen so weihnachtliche Tiergebäcke wie Pferd, Schwein, Huhn, Hase, wie sie auch auf Spekulatius abgebildet sind, aber auch menschliche Figuren wie beispielsweise der Heilige Nikolaus. Typisch für das Rheinland und in Westfalen ist bis heute der „Weckmann“ oder „Piepenkerl“ aus Rosinenteig mit eingebackener kleiner Tonpfeife. Kuchenmänner hat es jedoch zumindest bis zur Jahrhundertwende auch im Norden gegeben, ebenfalls aus Hefeteig mit Rosinen, jedoch ohne Pfeife.

Eine Besonderheit von Friedrichstadt ist das so genannte „Drehspiel“, ein Glücksspiel, das in den Geschäften der Bäcker zur Weihnachtszeit gespielt wurde. Man kaufte für seinen Geldgewinn den so genannten „Sünnerklaaskerl“, der fast einen halben Meter groß war und einen vergoldeten Säbel besaß. Das Spiel ist 1904 verboten worden. 1974 sind noch 15 000 ähnliche Figuren in Osnabrück verkauft worden. In Hamburg und Schleswig-Holstein treten sie heute nur sporadisch auf, meist bei kleinen Bäckereien, deren Meister persönliche landschaftliche Bindungen in den Süden haben. Gebildbrote sind auch die Figuren aus Honigkuchenteig, wie sie in den Marktbuden zu Weihnachten auch auf den Märkten in Norddeutschland angeboten werden (→ *Lebkuchen*, → *Markt*). Springerle und Spekulatius, wie sie seit der Jahrhundertwende auch an vielen Weihnachtsbäumen in Norddeutschland hingen, um anschließend gegessen zu werden, sind eng mit dem Süddeutschen und Nürnberger Raum verbunden. Sie wurden schon vor 1900 fabrikmäßig hergestellt und außerhalb ihres Entstehungsgebietes weit verbreitet. Dieses Formgebäck wird in hölzerne, kunstreich geschnitzte Formen, „Spekulatiusbretter“, gepresst. In Schleswig-Holstein hießen die Figuren aus dem Teig für braune Kuchen „Kindjeespoppen“ oder „Wiehnachspoppen“. Sie zieren die Weihnachtsbögen etwa auf Föhr, die Weihnachtsgestelle oder Tannenbäume. Typische Formen waren Adam und Eva, Reiter zu Pferde, Hirsche, Hühner und Schweine. Man buk sie auf dem Blech, das beim Backen über das Brot in den Ofen geschoben wurde.

Ausgesprochene Weihnachtsgebäcke sind die süßen Brote mit reichen Zutaten, deren Besonderheit die lange Haltbarkeit ist. Solche „Stollen“ sind in Norddeutschland ursprünglich nicht heimisch, jedoch schon im letzten Viertel des 19. Jahrhunderts aus Spezialhandlungen beziehbar, die sie im Versandgeschäft feilboten. Der sächsische bzw. Dresdner Christstollen ist dabei bekannter geworden als etwa der Schlesische Mohnstollen oder der Böhmische Weihnachtsstriezel. In Schleswig-Holstein buk man anstelle des Stollens „De Wiehnachtsmann sien Stuten“, aus Hefeteig mit Butter oder Schmalz sowie Gewürzen, der mit Rosinen, Korinthen, Sukkade und Zitronat angereichert wurde. Früchtebrote konnten in Norddeutschland lange nur in Reformhäusern gekauft werden. Die Echten sind aus Dörrbirnen gebacken, auch das Schwäbische Hutzelbrot. → *Lebku-*

Hausgemachtes Kleingebäck.

chen und → *Pfeffernüsse* sind ebenso typische weihnachtliche Gebäcke wie Fettgebackenes. Letzteres ist besonders zu Neujahr beliebt, wird aber kaum noch in Heimbäckerei selbst hergestellt, etwa die Krapfen, die in ganz Norddeutschland verbreitet waren. Sie sind verdrängt worden durch den allgemein beliebten „Berliner Pfannkuchen" oder die in den mobilen Bäckereien auf den Märkten erhältlichen „Mutzemandeln", die urprünglich aus dem Rheinland stammen. Ein ähnliches festliches Gebäck, das im Norden weit verbreitet war, sind die Pförtchen, die in töneren, eisernen Pfannen oder kupfernen Formen in kleinen Mulden ausgebacken wurden. Im Herzogtum Schleswig sind sie unter dänischem Einfluss, ähnlich den „Æbleskiver", ein typisches weihnachtliches Gericht. Die Förtchen gab es meistens erst am späten Abend. In manchen Orten heißen sie „Appelkoken" oder „Ossenogen" (Ochsenaugen).

Ein Höhepunkt der weihnachtlichen Bäckerei ist das Kleingebäck, das heute lediglich zum Vergnügen der Kinder hergestellt wird. Mit Stechformen werden Tiere, Mond und Sterne ausgestanzt oder mit dem Kuchenrad frei geschnitten. Auf der Platte bedarf es nur kurzer Backzeit, und nach dem Erkalten können sie von den Kindern mit farbigem Zuckerguss versehen oder mit Schokoladenplätzchen und Liebesperlen beklebt werden. Hierbei finden immer häufiger fertige Backmischungen Verwendung und verdrängen die überlieferten Rezepte der Großmütter, sodass familiäre Traditionen abreißen.

Im Herzogtum Schleswig erhielten die Kinder bei ihren Bettelgängen so genannte „Kneepkuchen" oder Pfeffernüsse aus Roggenmehl, die so hart waren, dass sie in Angeln „Kliekläffers" heißen, weil sie klapperten, wenn sie aneinander stießen. Eine Besonderheit in den Herzogtümern Schleswig und Holstein ist aber ein weihnachtliches Gebäck, das ähnlich in Dänemark unter dem Namen „Klejner" bekannt ist. Dafür wird ein ausgerollter Hefeteig mit dem Kuchenrad in rechteckige Stücke geschnitten, worauf man einen der Zipfel durch ein in die Mitte geschnittenes Loch hindurchzieht. Dann backt man das Ganze in heißem Fett aus und bestreut es mit Zucker. Mancherorts heißt dieses krumme Gebäck „Schleifen", „Jack un Büx", „Preesterbüxen" (Priesterhosen) oder „Goosmasen".

Typisch für Schleswig-Holstein sind die so genannten „Eisenkuchen", „Isenkoken". Sie werden auf dem Herd oder dem offenen Feuer in Klappeisen gebacken, die den Waffeleisen gleichen, jedoch nicht rechteckige, sondern runde tellerförmige Platten haben. Die eine Seite trägt stets eine bildliche Darstellung. Man reibt die Innenseiten mit Speckschwarten ein und gießt den flüssigen Teig darauf. Dieser besteht aus Weizenmehl, Sahne, Eiern und Gewürzen. In manchen Gegenden wird dieses harte, an Oblaten erinnernde Gebäck nur zu Neujahr hergestellt.

Basar

Ausstellungen zur Weihnachtszeit waren bereits um 1800 nichts außergewöhnliches: Konditoren zeigten Kunstwerke aus Zucker, Gastwirte engagierten einen Akrobaten oder stellten in Nebenräumen ihrer Lokale Gemälde und Automaten zur Schau. Eine neue Dimension erhielten diese Ausstellungen, als die Gebrüder Keiling in ihrem Apollo-Saal 1852 erstmals einen Weihnachtsbasar nach Berliner Vorbild durchführten. Ihre Idee war, all die Vergnügungen der Domzeit (→ *Märkte*) in ihr Haus zu holen und so vor den Unbilden des Wetters zu schützen. Das Keilingsche Etablissement besaß große Säle und viele kleinere Wirtschaftsräume und konnte mehrere tausend Besucher aufnehmen, die für ein geringes Entree allerhand geboten bekamen. Im ganzen Haus waren Marktstände aufgebaut. Ein 32-köpfiges Orchester spielte, es gab Zauberkünstler und ein Handpuppentheater, bei dem kein Geld eingesammelt wurde. Für den Kraftmesser musste dagegen ein Schilling bezahlt werden. Wegen des großen Erfolges veranstalteten in den folgenden Jahren immer mehr Wirte einen eigenen Basar und auch das Angebot wurde reichhaltiger. 1853 ließen sich die Keilings aufwendige Pappmachékulissen nach Entwürfen des Kladderadatsch-Zeichners Scholz von Gropius in Berlin fertigen. Im Hauptsaal drehte sich ein großes Karussell mit Fabeltieren um einen gewaltigen Weihnachtsbaum. Im neu erbauten Saal gab es ein Kinderfabeltheater mit humoristischen Bildern in plattdeutscher Mundart, selbst eine Schießbude fand sich hier.

Auch im National-Hôtel und im Hamburger Colosseum, dessen Wirt Sagebiel später für lange Zeit den größten Basar veranstaltete, gab es Weihnachtsausstellungen. Und selbst die Vorstadt St. Pauli hatte im Joachimsthal einen eigenen Basar.

Führend blieben aber zunächst die Gebrüder Keiling, die jedes Jahr ihre Veranstaltung unter ein neues Motto stellten und auch in den Ankündigungen ihrer herausragenden Stellung gerecht zu werden wussten:

Schokoladenformen für Tannenbaumbehang, um 1920, Privatbesitz.

Riesen-Weihnacht-Bazar (1855), Bazar aller Wunder der Welt (1858), Eldorado-Wunder-Weihnacht-Bazar (1859) etc.

Einen kleinen Rückschlag erlitten die Gastwirte, als Ende der 1860er Jahre die Aufführung richtiger Theaterstücke nach Beschwerden mehrerer Schauspieldirektoren untersagt wurden. Weiterhin wurde die Teilnahme von Kindern an den Weihnachtsballetten stark eingeschränkt. Im Laufe der Zeit konnten sich nur noch wenige Wirte den Aufwand eines richtigen Weihnachtsbasars leisten. 1913 fanden sie nur noch bei Sagebiel und Tütge statt. Mit dem Ersten Weltkrieg endete die Epoche der prachtvollen Basare.

Beitrag: Lars Rebehn

Bescherung

Die Bescherung für die Kinder beschränkte sich je nach Region nicht auf den Termin des Weihnachtsabends, der heute oft zu einem Geschenkfest ohne tiefere Botschaft verkommen ist. Im norddeutschen Raum beschränkte man sich auf Nikolaus und Weih-

Bescherungsteller, Thüringen um 1930, Altonaer Museum.

nachten, im süddeutschen Raum und in Österreich setzten die Beschertermine bereits am 2. November ein, zu Allerseelen, an dem man in Umzügen das Andenken an die Toten ehrte. Das Allerseelenopfer wird mancherorts in Geschenke an Arme und Kinder umgewandelt. Paten beschenken „ihre" Kinder, und die Kinder gehen in Heische-Umzügen in die Nachbarschaft.

Ein weiterer Geschenktermin ist der Barbaratag, der 4. Dezember (→ *Blumen: Barabarazweige*), wo man vor allem in Bergbaugebieten den Kindern eine Kleinigkeit in den aufgestellten Schuh legte. Als Schuhfüller galt jedoch vor allem → *Nikolaus*, der am folgenden 6. Dezember sein Heiligenfest feiert. Der Nikolausabend, also der 5. Dezember, ist der eigentliche Schenktermin, lange bevor der Weihnachtsabend hier die größere Bedeutung erhielt. Auch in Schleswig-Holstein waren die Schenktermine unterschiedlich. In Nordfriesland ist es beispielsweise der Altjahrsabend oder Neujahrsmorgen, im Amt Bordesholm der 1. Weihnachtstag.

Der → *Weihnachtsmann* ist aus dem Nikolaus hervorgegangen. Gabenbringer kann zum Weihnachtsabend auch das Christkind sein, vor allem in Süddeutschland, doch wird dies im Norden in den Familien ganz unterschiedlich gehandhabt. In Schleswig-Holstein waren die Gabenbringer ehemals sehr verschieden, bevor sie vom Weihnachtsmann überrannt wurden: Auf Amrum sind es die „Hulken", vermummte Gestalten mit Schafsfell und Stroh getarnt, die man auf Föhr „Kenkner" nannte. Andernorts sprach man von „Hulk" oder „Hulda", was an Frau Holle erinnert. Ähnlich wie die „Percht" oder „Bergt" in Süddeutschland belohnt und bestraft sie Kinder und Erwachsene. Besonders zwischen Weihnachten und Neujahr geht sie um; wenn sie die Kissen schüttelt, dann schneit es.

Das Christkind muss für alles herhalten. Es hört, sieht und weiß alles, ist im Übrigen aber unsichtbar. Unbeobachtet baut es dann auch die → *Geschenke* zur klassischen Bescherung unter dem Weihnachtsbaum (→ *Tannenbaum*) auf. Das unter Geschenkpapier verborgene Geschenk ist erst seit den 1950er Jahren gebräuchlicher geworden. Eine festliche Verpackung, wie sie die Kaufhäuser als Service anbieten, Geschenkpapier mit Geschenkanhänger, verdrängt die klassische offene Darbietung der Geschenke in einer Bescherung immer mehr. Hierbei bauten die Eltern für jedes Kind einen Gabentisch, deren Mittelpunkt vom bunten Teller gebildet wurde. Alles war offen aufgebaut, der eigentliche Teller konnte aus Porzellan sein, mit weihnachtlichen Motiven bemalt, häufiger jedoch stammte er aus den Papprägereien Thüringens, bunt bedruckt mit weihnachtlichen Mo-

Bescherungsteller, Thüringen um 1930, Altonaer Museum.

Bescherung, Weihnachten 1924.

tiven, Tannenzweigen, Engeln und Nikolaus. Darauf türmten sich Nüsse, Äpfel, Marzipan und Schokolade in „bunter" Mischung. In Schleswig und Holstein stellten die Kinder ihre Teller auf die Fensterbank, in der Hoffnung, dass das „Kinn-Jes" (das Kind Jesus), durch das Fenster sähe und den Teller am Heiligabend fülle. Um dies zu fördern sangen sie etwa in Angeln:

Kindlein Jesus, giff mi wat
ut dien Schapp un in mien Fatt.
Ick will smuck to School gahn
un lehr'n wat.

Der Pappteller wurde mit dem Baumschmuck in die Weihnachtskiste verpackt und tauchte froh erwartet in der Wiederbegegnung Jahr für Jahr wieder auf. Auch die „großen" Geschenke waren oft alte Bekannte, Puppenhaus und Eisenbahn hatten die seltsame Eigenschaft, nach den Weihnachtstagen vom Christkind wieder einkassiert zu werden, nachdem sie in den Weihnachtstagen der ganzen Familie Freude bereitet und zum gemeinsamen Spiel angeregt hatten. Sie konnten Jahr für Jahr modernisiert mit neuem Zubehör erneut geschenkt werden. Deshalb erhielt sich ihre Substanz oft über mehrere Kinder- und Erwachsenengenerationen, manchmal bis heute, wo sie zum Kinderspielen als „zu schade" empfunden werden und in den Handel oder das Museum gelangen. Geschenkt wurde also vor allem der Spielwert.

Der Schenktermin „Weihnachten" wurde zunehmend auf die Kinder ausgerichtet. In den großen Haushalten des 19. Jahrhunderts umfasste er jedoch auch das Dienstpersonal, das man mit Naturalien, etwa Kleiderstoffen, neuen Schürzen, Schuhwerk, Holzschuhen oder einer Geldgratifikation belohnte – Dinge, die allerdings häufig bereits Teil der Entlohnung waren und in den Arbeitskontrakten erwähnt wurden. In der Familie sollten die Geschenke ein Zeichen der gegenseitigen Zuneigung sein. Die Kinder zeigten die Verehrung für ihre Eltern entweder mit selbst verfassten Weihnachts- oder Neujahrswünschen (→ *Weihnachtspostkarten und -wünsche*), ausgefüllten vorgedruckten Wunschbögen (→ *Wunschzettel*) oder selbst gefertigten Geschenken, wie gestrickten Strümpfen, Pfeifenquasten, Stickbildern und ähnlichem.

Blumen

In der kalten Jahreszeit, wenn in der Natur die Vegetation ruht, mussten blühende Pflanzen oder grüne Zweige in der Stube von besonderer Faszination sein.

Die Barbarazweige sind wundersam zur Unzeit blühende Zweige von Apfel oder Kirsche. In unseren Tagen, wo Blumenläden frische Blumen aus aller Welt das ganze Jahr über anbieten, ist es nichts besonderes mehr. Gleichwohl gelten heute blühende Zweige vielen Familien als Weihnachtstradition wie schon in den Salons der Jahrhundertwende. Einige wenige engagierte Grundschullehrer bringen auch Zweige in ihre Klasse und beobachten das Aufblühen mit den Kindern, um sie in das Brauchtum einzuführen.

Barbara ist die Schutzheilige vieler Berufe, die mit Feuer und Explosivstoffen zu tun haben (Feuerwehrleute, Artilleristen und besonders Bergleute). Diese schnitten am 4. Dezember, dem Barbaratag, Obstzweige ab, stellten sie in Vase oder Krug in die geheizte Stube, wo sie pünktlich zu Weihnachten aufblühten. Durch die so gefeierte und geehrte Heilige blieb das Unglück das ganze Jahr vom Hause fern.

Wie alle übrigen Weihnachtsblumen haben auch die Barbarazweige etwas mit einem Fruchtbarkeitszauber zu tun, indem sie im Winter ein Stück des blühenden Frühlings heraufbeschwören, gleichsam um den Frühling zu zwingen, dass er im nächsten Jahr wieder komme. Letztlich liegen der Symbolik des Weihnachtsbaumes als Wintergrün ähnliche Vorstellungen zugrunde.

Die auch in norddeutschen Wäldern mitunter das Unterholz bildende Stechpalme (Ilex) ist nach englischem Vorbild nach dem 2. Weltkrieg in ganz Deutschland eine beliebte Zierde der Eingangstür geworden. Die roten Beeren auf dunklen Zweigen sind weihnachtliche Symbole, längst jedoch nicht in dem Umfang wie in England, wo sie sogar den Plumpudding schmücken (→ *Xmas*).

Von gleicher farbiger Wirkung, grün und rot, ist eine ehemals tropische Pflanze, Euphorbia pulcherima, die als „Weihnachtsstern“ in vielen norddeutschen Gärtnereien in Töpfen gezogen wird und pünktlich zum Fest auf den Markt kommt. Die neueren Züchtungen können das ganze Jahr über im Zimmer stehen. Doktor Edward Bach hat die Pflanze in seine Blütentherapie zur Harmonisierung von Körper, Geist und Seele einbezogen. Die Essenzen eignen sich für Menschen, die zu Gefühlen wie Hass, Neid, Eifersucht und Misstrauen neigen.

Als besonderes Naturwunder des Winters musste die Christrose gelten. Die Legende berichtet, wie der „Christwurz“, der im übrigen Jahr nicht auffällt, in der Heiligen Nacht seine Blüten entfaltet. Er wurde in bäuerlichen Gärten gezogen, wo er allerdings hauptsächlich als „Schwarzwurz“ wegen seiner Heilkräfte gegen Viehkrankheiten angebaut wurde. Seine sommerliche Schwester, die Heckenrose, galt ihrerseits als ein Abbild des Paradieses, als dem Paradiesgärtlein entsprungen. Das weihnachtliche Lied von der Ros, die „entsprungen“ ist, meint eigentlich ein „Reis“ (→ *Oh, du fröhliche*), nämlich Christus als neuen frischen Trieb des alten Stammes Jesse, ein Zeichen des ewigen Lebens.

Ein weiteres weihnachtliches Blühwunder war die Rose von Jericho, eine einjährige niedrige Crucifere, die aus den Wüsten Nordafrikas und des Toten Meeres stammt. In Dürrezeiten trocknet sie völlig ein, zieht sich zu einem Ball zusammen und wird als so genannter „Windroller“ vom Wind fortgetrieben. Beim ersten Regen entfaltet sie sich wieder grün. So konnte diese Eigenschaft des Wiederauflebens Gegenstand vieler Legenden werden. Ihr Aufblühen war ein Bild der Auferstehung und des Lebens. Ihrer Kraft traute man sogar den Schutz vor Blitzschlag zu. Die mittelalterliche Medizin sagte ihr Heilkräfte nach. Auch glaubte man bei ihrem Wiederaufleben eine Prophezeiung darüber machen zu können, ob die Familie Nachwuchs erwarte.

Die Rose von Jericho ist seit den Kreuzzügen in Europa bekannt. Möglicherweise meinte der Begriff jedoch eine andere Pflanze, nämlich Asteriscus pygmaeus, die auch in der Gegend von Jericho vorkommt. Sie sind Bestandteil der Wappen mehrerer französischer Adelsfamilien, die an den Kreuzzügen teilgenommen haben.

Die Rose von Jericho wird heute noch gern auf Weihnachtsmärkten oder so genannten mittelalterlichen Märkten verkauft. Sie war aber auch eine typische Ware von herumziehenden Straßenhändlern.

Caspar, Melchior und Balthasar: die Heiligen Drei Könige

Epiphanias, der 6. Januar, das Fest der Heiligen Drei Könige, bezeichnet den Abschluss der Weihnachtszeit. Zu diesem Termin feierte die alte christliche Kirche die Taufe Christi. Als Mitte des 4. Jahrhunderts die Feier der Geburt Christi auf den 25. Dezember verlegt wurde, wurde am 6. Januar der alte griechische Kult, der auch als Tag des Dionysos galt, mit neuem Inhalt belegt und Festtag der Heiligen Drei Könige. Diese hatten in Deutschland eminente Bedeutung gewonnen, nachdem ihre Reliquien nach Köln gelangt waren, wo sie seit 1164 bis heute im Dom verwahrt werden. Friedrich Barbarossa hatte 1162 ihre Gebeine vereinnahmt. Zum Fest der Heiligen Drei Könige legt der Volksglaube noch heute großen Wert auf den Drei-Königs-Segen für die Wohnung und das Haus mit Beräucherung durch den Priester. Nach dem biblischen Bericht brachten die Könige, die wahrscheinlich Angehörige einer Priesterkaste waren, dem neugeborenen Heiland Geschenke dar, Gold, → *Weihrauch* und Myrrhe. Im Unterschied zu den eher „schlichten" gläubigen Hirten galten sie als die ersten zum Glauben Bekehrten der Heidenwelt.

Die Nacht des 6. Januars ist die letzte der rauen Nächte (→ *Aberglaube*). Die Heiligen Drei Könige sind nicht zuletzt deshalb unterwegs, um das Totenheer und die Unholde zu vertreiben. Allerlei Losorakel sind in dieser Nacht viel versprechend, vor allem kann man aber erfolgreich die Wünschelrute schneiden und auf den Namen der Heiligen taufen. Will man Gold finden, soll die Rute Caspar heißen, Balthasar ist auf Silber aus und Melchior steht für Wasser.

Die Kraft der Heiligen Drei Könige half aber auch gegen Krankheiten und andere Übel. Besonders als Schriftamulette wurden sie noch im 18. Jahrhundert getragen, etwa mit dem Wortlaut „Wer diese Namen der Heiligen Drei Könige bei sich trägt, der wird behütet vor der fallenden Krankheit (Epilepsie): Heiliger Caspar! Heiliger Melchior! Heiliger Balthasar! Oh, ihr Heiligen Drei Könige! Bittet für mich, auf dass ich vor der fallenden Krankheit behütet werde. Amen", wie eine Zauberanweisung von 1747 empfiehlt. Solche Zettel konnte man auch gedruckt auf den Märkten von Wallfahrtsorten oder bei herumziehenden Händlern kaufen.

Ein Rest dieses Namenszaubers findet sich in den Kreidebezeichnungen der Türen bei den heutigen Sternsingern. Kinder gehen als Sternsinger von Haus zu Haus, früher verkleideten sich auch Erwachsene. Solche Umzüge sind der letzte Rest der mittelalter-

Weihnachtskrippe, Thüringen um 1910, Altonaer Museum.

lichen Drei-Königs-Spiele. Dabei kam allerdings der religiöse Gedanke mehr und mehr abhanden. Es mischten sich im Laufe des 19. Jahrhunderts zunehmend Schnorrer unter die Königsdarsteller. Nach dem 2. Weltkrieg haben die Missionszentralen der katholischen Kirche den alten Brauch mit neuem Inhalt füllen können. So ziehen verkleidete Kinder von Haus zu Haus, um Geld für die Missionsprojekte in Ländern der Dritten Welt zu sammeln. In Norddeutschland und Schleswig-Holstein verschwand das Drei-Königs-Singen erst in der zweiten Hälfte des 19. Jahrhunderts. In Flensburg sangen die Kinder um 1860:

> Triumphitaria, die Füße hab'n Ruh,
> allein die Stiefel sind so schlecht wie meine Schuh',
> und was das Ärgste ist, es fehlt mir nur an Geld.
> Man kann ja alles jetzt mit Gelde möglich machen;
> wo dies ja einem fehlt, vergeht ein'm Mut und Lachen.
> Oh dörf ick mich bä'n um'n Sössling oder twee?
> Dat hett ok gar keen Not,
> wen se mi geb'n dree.

Während sich diese Bettelgänge keineswegs nur auf den Dreikönigsabend beschränkten, sondern örtlich auch an anderen Terminen der Weihnachtszeit stattfanden, wappnete man sich in vielen Kirchspielen für die große Schar der Weihnachtsbettler. In Medelby buk man Almosenbrote für die Bettelnden des eigenen Kirchspiels, Bettler von außerhalb bekamen kleinere. Am Morgen des 24. Dezembers 1849 konnte Pastor Brütt aus Marne 480 bettelnde Menschen an seiner Tür zählen. Mitunter wandte sich die Bevölkerung dagegen, zum Beispiel 1851 in Wilster. Andernorts hielten sich die Armenspeisungen bis 1900, so in Burkall in Nordschleswig, wo die Frauen der Häusler an den Türen frohes Fest wünschten und dafür Speck, ein Pfund Grütze, Lungen- oder Schwartenwurst und Kuchen erhielten. In den Kirchen jedoch gab es zum Dreikönigsfest das Weihnachtsopfer, zwei Drittel für den Pastor und ein Drittel für den Küster.

D

Datteln

Mit Zucker konservierte Datteln sind seit mindestens 100 Jahren zur Weihnachtszeit in Obst- und Delikatessenläden erhältlich, erst seit Mitte der 1950er Jahre jedoch allgemein erschwinglich. Seit Anfang der 1990er Jahre halten die großen Obstabteilungen der Kaufhäuser frische Datteln vorrätig, die völlig anders schmecken als die konservierten, folglich auch keine „weihnachtlichen" Gefühle und Erinnerungen auslösen.

Datteln sind Früchte der Dattelpalme, die in mehr als einem Dutzend Arten in Afrika, Arabien und Asien verbreitet sind. Dort sind sie eine der wichtigsten Kulturpflanzen und für das Landschaftsbild charakteristisch. Bilder von Pyramiden, Kamelen und Dattelpalmen zierten in Deutschland die Blechdosen der echten „ägyptischen" Zigaretten. Im Mittelmeerraum kultivierte man die Dattelpalme jedoch hauptsächlich wegen der Zweige, die beim christlichen Osterfest oder dem jüdischen Laubhüttenfest eine wichtige Rolle spielten.

Die eiförmigen oder kugeligen Früchte sind grün oder gelblich-braun. Zur Konservierung trocknete man die Datteln in der Sonne oder vergrub sie im Sand. Erst die Kultivierung der Dattelpalme hatte in Verbindung mit dem Kamel als Transportmittel unwirtliche Landstriche bewohnbar gemacht. Karawanenstraßen durch die Wüsten bis zum Mittelmeer, auf denen die Kostbarkeiten des Orients, wie Seide, Gewürze, Weihrauch und Myrrhe zum Mittelmeer gelangten, wurden erst durch Datteln für die Wegzehrung von Mensch und Tier möglich.

Wie schon zur Zeit unserer Eltern und Großeltern wird die konservierte Dattel in länglichen, ovalen und flachen Kästchen aus Spanholz gehandelt, in denen die Früchte zweilagig schräg verpackt sind, wobei der mittlere Grat durch einen dürren Fruchtzweig gebildet wird. Den Deckel zieren Drucke von Beduinen, Pyramiden, Kamelen und Sandwüsten, um das Produkt mit dem Heiligen Land zu assoziieren. Wer in den 1950er Jahren Karl May gelesen hatte, kam als Knabe bald zu der vernünftigen Frage, wie Kamele und Beduinen bloß von dem süßen klebrigen Zeug leben konnten, wo doch eine Weihnachtsschachtel für die ganze Familie einschließlich der Großeltern langte, weil man bereits von zwei Stück genug hatte.

Anders sah es mit dem Dattelkonfekt aus, das in kleinen Mengen als große Kostbarkeit bereitet wurde und nur stückweise bei besonderem Weihnachtsbesuch die Blechschachtel verließ. Dazu piekte man die Datteln auf einen Zahnstocher und tauchte sie in flüssige Schokolade, die dann auf Pergamentpapier trocknete, oder man entkernte sie und füllte sie mit Marzipanmasse. Der Schokoladenüberzug konnte auch mit einem Stück Walnuss dekoriert sein: eine selbst gemachte Praline.

Skiläuferin, um 1925.

Eis und Schnee

Der Winter und die freien Tage um Weihnachten boten besonders den Kindern Möglichkeiten zur Betätigung im Freien, zum Spielen auf dem Eis oder im Schnee – lange bevor seit den 1920er Jahren Wintersport unter den Erwachsenen an Beliebtheit gewann. Wintervergnügungen blieben hauptsächlich der Stadtbevölkerung vorbehalten, denn Schnee und Eis des Winters bedingten für viele Monate eine weitgehende Lähmung von Verkehr und Kommunikation, besonders auf dem Lande und zwischen Land und Stadt. Dies führte zu einer Beschränkung auf den häuslichen Bereich mit gemeinsamer Arbeit in der Spinnstube, Dreschen auf der Diele des Bauernhauses, Reparaturarbeiten an Geräten, vor allem aber die Nutzung des mühsam angebauten und konservierten → *Vorrats.*

Die Weihnachtszeit musste der bäuerlichen Bevölkerung wie eine Erholungsphase von der schweren Arbeit auf dem Feld gelten. Die Verhältnisse waren meist jedoch weder angenehm noch gemütlich in unserem heutigen Sinne. Lange Dunkelheit, unzulängliche Kleidung, teures und spärlich vorhandenes Heizmaterial sowie gefrorenes Wasser stellte die Menschen im Winter vor große Probleme des täglichen Lebens. Ein „Vergnügen" waren Eis und Schnee für die wenigsten. Dazu kam, dass der lange Winter eine direkte Gefahr für das Überleben des Viehbestandes bedeutete, wenn das eingelagerte Futter nicht ausreichte. Oft resultiert das winterliche Schlachten vor Weihnachten aus der Notwendigkeit, den Viehbestand zu reduzieren. Nicht selten mussten im Frühjahr die geschwächten Kühe aus dem Stall ins Freie getragen werden.

Rodelschlitten, Schlittschuhe und Skier sind beliebte Weihnachtsgeschenke, die in den Winterferien sofort ausprobiert und draußen stolz vorgeführt werden können.

Schlitten hatten seit Jahrtausenden dem Transport von Lasten und Menschen gedient, bewegt von Pferden, Ochsen, Hunden oder Menschenkraft. Verkleinert auf Kindergröße entstand daraus das heute noch beliebte Spielgerät. Seit den 1880er Jahren wurden Schlitten industriell in großen Mengen gefertigt und waren auch über den Versandhandel erhältlich. Traditionell selbst gemacht wurden Schlitten aus Kistenbrettern mit Tonnenbändern als Kufenbeschlag. Eine Hamburger Spezialität war die Blankeneser Kreek, ein niedriger Kastenschlitten, wie er ähnlich als Arbeitsgerät der Eisfischer im Einsatz war, das sich mit dem Pieken-Stock vorwärts staken ließ. In Blankenese sauste man mit einem langen Steuerknüppel die Hänge hinunter.

Schlittschuhe, auch Schrittschuhe", wurden in Deutschland im 18. Jahrhundert durch den Dichter Klopstock populär. Seit 1850 entstanden Eislaufpaläste. Meist jedoch lief man auf zugefrorenen Gewässern oder gefluteten Wiesen. Seit 1900 sind nach amerikanischem Muster künstliche Eisflächen mit eigener Gefrieranlage eingerichtet worden. Wie in Holland, wo das Eislaufen Jahrhunderte früher als in Deutschland ein Wintervergnügen war, baute man die ältesten und einfachsten Schlittschuhe aus dem „Eisbein" des Schweines, einem einseitig abgeflachten Knochen, der mit Lederriemen am Fuß befestigt wurde. Daneben gab es, wahrscheinlich bereits im Mittelalter, hölzerne Schlittschuhe mit eingelassener eisener Kufe, die erst durch die vernickelten Patentschlittschuhe verdrängt wurden, die sich unter den Stiefel schrauben ließen und ein außerordentlich beliebtes Weihnachtsgeschenk waren. Seit den 1960er Jahren sind die fest am Stiefel montierten Kufen üblich, wie man sie zuvor nur als Sportgerät kannte, etwa für den Eiskunstlauf.

Skier sind Schneegleitschuhe, ehemals aus Holz, heute aus Metall oder Kunststoff gefertigt. Vor mehr als 5000 Jahren hatten sich in Russland, Norwegen und Schweden Jäger ein Hilfsmittel gebaut, um das Wild im Winter über eine weite Strecke verfolgen zu können. Nachdem um die Jahrhundertwende und besonders in den 1920er Jahren das Skilaufen in Wintersportgebieten häufiger wurde und man Skier auch im Norden Deutschlands benutzte, haben Kinder Skier aus Holzdauben alter Heringsfässer selbst angefertigt.

Zu den winterlichen Spielen gehörte in Norddeutschland das Eisboßeln oder „Kloot-Scheeten" (Kloß-Schießen), besonders in Friesland und an der schleswig-holsteinischen Westküste. Das Spiel ist weit älter als seine erste Erwähnung 1757. Auf gefrorenen Weiden gilt es eine Kugel aus Holz mit Bleibeschwerung möglichst weit zu werfen, umso mit möglichst wenig Würfen die Spieldistanz von 160 Metern zu überwinden. Regelmäßige Wettkämpfe veranstaltet der Verband schleswig-holsteinischer Boßler in Koldenbüttel.

Das Eisschießen hingegen beschränkt sich auf den süddeutschen Raum und Österreich. Es wird mit kegelförmigen Eisstöcken ausgeführt. Die Regeln ähneln dem italienischen Boccia. Eisschießen ist eine typische Sportart der Wintersportgebiete mit örtlichen oder touristischen Mannschaften.

Oblaten, Altonaer Musem, um 1920.

Engel

Während das evangelische Christentum keinen Engelkult kennt, haben sich Engel als Schutzengel aus vorreformatorischer Zeit erhalten. Der Verkündigungsengel, der den Hirten „die große Freude, die allem Volk widerfahren ist", mitteilt, ist Teil der Weihnachtsbotschaft. Als Schmuck des Weihnachtsbaumes dienten süddeutsche Rauschgoldengel mit wächsernen Köpfen und Haaren aus „Feenhaar", gesponnenem Glas aus Thüringen. Oblaten zeigten Engel in Chromolithographien. In den weihnachtlichen Spielen der Schulen und Theatergruppen gab es Engeldarsteller mit Schwanenflügeln oder solchen aus gepresster Pappe. Weihnachtskarten zieren fotografierte Engelmotive, dekoriert mit Requisiten aus dem Photoatelier. Seltsamerweise mischt sich die bildliche Vorstellung des Christkinds als Gabenbringer mit der des Engels, wie zum Beispiel im Struwwelpeter.

Die eigentliche Aufgabe der Engel ist aber die Vermittlung zwischen Gott und den Menschen. Sie bilden Gottes Hofstaat, Dienerschaft, Informanten und Boten und sind die Vollstrecker des göttlichen Willens, sie begegnen uns im Neuen Testament. Ihre Flügel erhielten sie in der bildlichen Darstellung der geflügelten Genien der römischen Kunst. Dionysius Aeropagita schuf ein ganzes System von Engeln mit hierarchischer Struktur und verteilten Aufgaben. In unseren Tagen lebt der Glaube an Engel wieder auf. Viele Menschen glauben an das Vorhandensein ihres persönlichen Schutzengels.

Figürliche Darstellungen von Engeln, wie man sie im Erzgebirge als Leuchterengel seit vielen Generationen kennt, hat man vor der deutschen Wiedervereinigung in Norddeutschland kaum gekannt. Sie gehören zum Repertoire der erzgebirgischen Drechsler und folgen Nussknackern und Räuchermännern, ohne annähernd deren Popularität erreicht zu haben. Sie bilden oftmals mit einer lichterhaltenden Knappengestalt ein Paar, da der Engel im Erzgebirge als „Frau" des Bergknappen angesehen wird.

Feuer – Feuergefahr – Feuerversicherung

Bis das elektrische Licht um die Jahrhundertwende in immer mehr Familien die Gasbeleuchtung ablöste, war „künstliche" Helligkeit immer mit brennender Flamme bzw. Feuer verbunden, stellte eine permanente Gefahr dar und musste verlässlich gehütet und gepflegt werden. Das galt im Übrigen auch für die offenen oder gemauerten Herdstellen und war auf dem Land wie in der Stadt von gleicher Bedeutung. Die Kenntnis der Technik des Feuermachens, -erhaltens und -hütens hatte über Jahrhunderte verlässliche Verhaltensmaßnahmen hervorgebracht. Dieses Wissen ist heute jedoch weitgehend verloren gegangen. Offenem Feuer begegnen wir nur beim Laubfeuer im Garten, beim Grillen oder beim Kaminofen im Ferienhaus.

Kerzenlicht nutzen wir nur in festlicher Verwendung – bei der großen Familienfeier, in der gemütlichen Abendrunde im Advent und zu Weihnachten, in massivem Einsatz eigentlich nur am Weihnachtsbaum. Viele Erwachsene halten sich dabei aus Unkenntnis oder Leichtsinn nicht an die überkommenen Regeln, die offenes Feuer unbedingt verlangt: stetige Aufsicht,

Oblate, Raphael Tuck, England, um 1910, gedruckt in Deutschland, Altonaer Museum.

Sicherheitsabstände von Brennbarem, zum Beispiel Gardinen, überhängende Zweige oder Baumbehang. Auch lernen die Kinder nicht mehr, mit offenem Feuer umzugehen, sodass sie schwer zwischen Nutzen, Abenteuer und Gefahr unterscheiden können.

Elektrische Baumbeleuchtung, die schon in den 1930er Jahren von der Leuchtmittelindustrie (Osram) angepriesen wird, ist weit weniger gefährlich. Nur der Reiz der Besonderheit des „brennenden Baumes" geht gründlich verloren. Der Moment des Anzündens der → *Kerzen* an der glitzernden und strahlenden Baumpyramide ist für viele Familien ein unverzichtbarer Bestandteil des Weihnachtsabends: Der Baum ist die einzige Lichtquelle, die Ecken des Raumes hüllen sich in geheimnisvolle Schummerigkeit; Kerzenduft, rußende Dochte zusammen mit den Apfelsinen und Äpfeln des bunten Tellers sowie dem harzigen Duft der Tanne werden zum wichtigen Teil der Erinnerung an all die Weihnachten zuvor. Gerade diese typische weihnachtliche Duftmischung und das Erlebnis des festlichen Lichtes schicken unsere Erinnerung auf die Traumreise in die eigene Kindheit. Ich habe mich als Kind oft über den Wassereimer mit eingetunktem Feudel gewundert, auf dessen Nähe zum Baum mein Vater stets beharrte, bis ich dessen Brandeinsatz bei loderndem Geäst in seiner praktischen Effizienz miterlebte und große Achtung gewann vor dieser hauseigenen Feuerwehr, und so habe ich meine eigenen späteren Weihnachtsbäume immer mit Feuereimer betrieben. Meine zehnjährige Tochter fordert das Utensil, wenn ich's vergessen sollte, bereits mahnend ein.

Hamburger Feuerkasse von 1676 – älteste bestehende Versicherung der Welt

Die Hamburger Feuerkasse ist die älteste bestehende Versicherung der Welt. Die Feuerkasse ist ein Teil, ein Stück Stadtgeschichte Hamburgs. Sie wurde nach dem Dreißigjährigen Krieg 1676 als „Der Stadt Hamburg General-Feuer-Cassa" gegründet. Ihre Entstehung beruhte auf dem Zusammenschluss von seit 1591 nachweisbaren Feuerkontrakten in Hamburg.

Feuerkontrakte oder Feuerverordnungen waren private Zusammenschlüsse von jeweils etwa 100 Gebäudeeigentümern auf genossenschaftlicher Grundlage. Der erste „Feuer Contract“ wurde 1591 von 101 Eigentümern von Brauhäusern abgeschlossen. 101 Mitglieder mussten es sein, damit bei größeren Schäden wenigstens 1.000 Reichstaler zusammenkamen, denn jeder Genosse war nach dem Kontrakt verpflichtet, dem Brandgeschädigten 10 Reichstaler zu zahlen. Folgende Grundsätze bestimmten den Versicherungsschutz:

- Unkündbarkeit des Kontraktes und bindende Kraft auch für künftige Eigentümer
- Verpflichtung zu bestimmten Leistungen, die aus dem Grundstück zu zahlen waren (Reallast)
- Taxierung von (Teil-)Schäden durch beeidigte Zimmer- und Maurerleute
- Verwendung der Entschädigung nur zum Wiederaufbau „binnen Jahr und Tag“
- Sicherung und Hebung des Realkredits durch Gewährung eines Wiederherstellungsanspruchs an die Realgläubiger
- Erhaltung des Gebäudebestandes der Hansestadt im allgemeinen Interesse („damit gemeiner Stadt Aspect zierligst muge erholden werden“).

Nach der Gründung der Hamburger Feuerkasse wurden die „Sprützenleute“ mit folgender Formel vereidigt:

„Ich lobe und schwöre zu Gott dem Allmächtigen, daß ich bey Tag und Nacht, sobald ich die Sturmglocke schlagen höre, oder sonst Nachricht bekomme, daß ein Feuer in der Stadt, in St. Georg oder auf dem Stadtdeiche entstanden, an den Ort, wo die mir angewiesene Sprütze oder Zubringer stehet, auf das schleunigste mich hinverfügen und wenn zum Feuer angerückt wird, die baldige Löschung desselben mir alles Ernstes angelegen seyn lassen will. Was mir von den Herren der Feuer-Cassen-Deputation und den Sprützen-Meistern befohlen wird, dem will ich nach meinen äußersten Kräften und Vermögen treulich und gehorsamlich Folge leisten; auch ohne Vorwissen meines Sprützen-Meisters keine Nacht vom Stadtdeiche bleiben. So lange an mir die Reihe des Menschenretter-Dienstes ist, will ich mich diesem Geschäfte mit Lust und Eifer weihen und zur Hülfe der in Gefahr schwebenden Leute, mit möglichster Anstrengung und nach besten Kräften beytragen, auch mich sonst in Allem den mir zugetheilten Instructionen gemäß verhalten.“

Alarmübung vor dem Altonaer Museum.

Nach der „neurevidierten Feuerordnung“ von 1750 mussten „Brandwachen“ während der Nacht durch die Stadt patrouillieren, Alarm auslösen und kleinere Brände selbst löschen. Nach dem Motto „Vertrauen ist gut, Kontrolle ist besser“ wurde ein ebenso einfaches wie wirkungsvolles Überwachungssystem eingeführt. Die Brandwächter mussten während ihres nächtlichen Rundganges vier Kontrollmarken, so genannte „Brandpfennige“, zu vorgeschriebenen Zeiten in den zuständigen Wachgebäuden abgeben, die letzte bei Dienstende beim wachhabenden „Sprützenmeister“ persönlich. Zeit für einen Kneipenbesuch oder ein Nickerchen blieb also nicht.

Die „Artiglerie“ war nicht nur für die Befestigungen, sondern für alles Technische zuständig. Sie war gewissermaßen die Ingenieurbehörde der Hansestadt. An wesentlichen Aufgaben blieb ihr aber schließlich nur noch das Löschwesen.

In einigen Bereichen der Gebäudeversicherung wirkte die Hamburger Feuerkasse bahnbrechend. Sie war Vorbild für die später in Deutschland entstehenden öffentlichen Brandkassen und Feuersozietäten. Schon seit 1833 ersetzt sie bei Schäden den Neuwert, andere Versicherer zogen erst 1928 darin nach.

Der 1. Juli 1994 war ein entscheidendes Datum in der 318-jährigen Tätigkeit der Hamburger Feuerkasse. Aufgrund der europäischen Vorgaben in entsprechenden Richtlinien, Bundes- und hamburgischen Gesetzen verlor die Hamburger Feuerkasse ihr Monopolrecht. Zusätzlich hob die Hamburger Bürgerschaft die Pflichtversicherung von Gebäuden gegen Feuer-, Sturm- und Hagelschäden in Hamburg auf. Die am 1. Juli 1994 bei der Hamburger Feuerkasse bestehenden Versicherungsverhältnisse wurden kraft Gesetzes in Versicherungsverträge überführt. Darüber hinaus wurde die Hamburger Feuerkasse zum 1. Juli 1994 in eine Aktiengesellschaft umgewandelt. Die Aktien werden von der Provinzial Versicherungsgruppe Schleswig-Holstein gehalten.

Der Bestand der Versicherungen ist von 1994, dem Zeitpunkt des Wegfalls des Monopols, bis 1998 kontinuierlich von 237 705 auf 250 991 gewachsen, also um insgesamt 13 286 Versicherungen (5,6%). Die Haftsumme, d. h. der (durchschnittliche) Neubauwert aller Versicherungen hat sich in der gleichen Zeit von rund 294 Mrd. DM auf rund 351 Mrd. DM erhöht, also um rund 57 Mrd. DM (20 %), eine Folge der weiter gestiegenen Baukosten sowie der Schaffung baulicher Mehrwerte.

Die Hamburger Feuerkasse ist mit einem erweiterten Versicherungsangebot „Rund um das Gebäude“ als selbständige Spezialversicherung tätig. Sie wird weiterhin ihren Dienst für die Hamburger Gebäudeeigentümer in bewährter Weise leisten.

Beitrag: Wolfgang Poppelbaum

Geschenke

Weihnachtsgeschenke sollen Erinnerung sein an die Gaben, die die Heiligen Drei Könige dem Jesuskind brachten. Die christliche Auslegung, dass Gott uns seinen Sohn schenkt und Nächstenliebe sich in gegenseitigen Liebesgaben ausdrückt, hat in Konkurrenz gestanden mit Geschenkriten der alten nichtchristlichen Gesellschaft: Der Weihnachtstermin deckte sich im römischen Reich mit der Feier des Gottes Saturn, den Saturnalien, die den Jahresanfang bezeichneten, zu dem Diener, Sklaven und Beamte mit Geschenken bedacht wurden. Auch in Germanien wurden zu dieser Zeit die neuen Mägde und Knechte verpflichtet und das Gesinde mit Geschenken belohnt. Der Schenktermin Weihnachten hat sich bis in neuste Zeit mit dem Nikolausfest überschnitten, an dem nur die Kinder beschenkt wurden, weil das neue Schuljahr begann. (→ *Bescherung*, → *Caspar*, → *Spielzeug*)

Anker-Steinbaukasten von F. Ad. Richter, Rudolstadt/Thür., seit 1880.

Gottesdienst

Der Weihnachtsgottesdienst ist ohne Zweifel die beliebteste kirchliche Handlung im Jahr, für die meisten evangelischen Christen die einzige regelmäßige Teilnahme am Gottesdienst. Es freuen sich evangelische und katholische Pfarrer gleichermaßen über die überfüllte weihnachtliche Kirche. Die evangelische Kirche ist seit Jahren dazu übergegangen, am 24. Dezember einen regelrechten Schichtdienst einzurichten, beginnend meist um 17 Uhr mit einem Familiengottesdienst, der das Abhalten der übrigen häuslichen Weihnachtszeremonie besser terminieren lässt. Ohnehin bleibt die Mutter bzw. Hausfrau meistens zu Hause, um irgendwie doch noch das jedes Jahr gleich unmöglich Scheinende fertig zu bekommen. Es folgen dann Gottesdienste um 18 und um 19 Uhr. Nach katholischem Vorbild ist auch in der evangelischen Kirche der Mitternachtsgottesdienst immer beliebter geworden. Die abendliche Feier im Heim ist mehr oder weniger erfolgreich abgespult, und unter Zurücklassung der Kinder kann man sich der wohligen warmen Atmosphäre in der festlich geschmückten Kirche und dem großen Tag des Kirchenchores hingeben. Der Mitternachtsgottesdienst wird mittlerweile auch im Evangelischen Christ-„Mette" genannt und ist an der Schwelle zum eigentlichen Weihnachtstag der Höhepunkt der kirchlichen Weihnacht. Ursprünglich fand in der lateinischen bzw. katholischen Kirche dieser Gottesdienst des Weihnachtstages um 6 Uhr früh statt, als Matutina, das erste Stundengebet des Tages.

Dagegen sind die Gottesdienste des 1. Weihnachtstages in der evangelischen Kirche nur von wenigen Stammgästen besucht, die ihren Pfarrer nicht enttäuschen mögen, und der 2. Weihnachtstag, Sankt-Stephans-Tag zu Ehren des ersten Märtyrers, ist besuchsmäßig meist ein Jammer. Auch bei vielen Menschen, die sich aus der Kirche abgemeldet haben, ist der Weihnachtsgottesdienst Teil ihres jährlichen Weihnachtszeremoniells, ohne dass man sich dafür jetzt extra wieder anmelden müsste, wie es bei vielen Paaren der Fall ist, die unbedingt eine kirchliche Trauung wünschen, um nach der Zeremonie sofort wieder die Gemeinschaft zu verlassen. In der katholischen Kirche war nach der Mitternachtsmesse die Fastenzeit vorbei. Danach gab es festliche Speise, von der sich in vielen deutschen Gegenden die Mettensuppe gehalten hat. Diese bereitete meist eine alte Magd oder die Großmutter, denen der Weg zur Kirche nicht mehr zuzumuten war. Zur Mettensuppe gehörten hausgemachte Nudeln oder frische Würste oder eine Fleischsuppe mit Backobsteinlage, andernorts Fischsuppe oder Heringssalat. Der Weihnachtssalat auf Hamburgische Art musste Kalbfleisch enthalten, dazu gab es Brot, von dem man das letzte Stück aufhob, dessen Brösel mit dem Saatgut auf den Acker wanderten, um diesen am Weihnachtsessen teilhaftig werden zu lassen und zur Fruchtbarkeit anzuregen.

Grütze

Die Weihnachtsgrütze gehörte vor allem auf dem Lande unverzichtbar zu Weihnachten. Grütze war ohnehin im bäuerlichen Haushalt das Hauptnahrungsmittel im ganzen Jahr. Größere Fleischmengen beschränkten sich auf Feiertage und Feste. Zur Weihnachtszeit diente die Grütze zur Grundsättigung vor den Leckereien des Fullbuuksabends. In manchen Gegenden ist Grütze jedoch auch ein typisches Neujahrsgericht. Im Herzogtum Schleswig und im südlichen Dänemark gilt Weihnachtsgrütze, meist aus Gerste, als geradezu unverzichtbar. In bürgerlichen Kreisen wurde sie meist aus Reis gekocht, mit Zimt und Zucker und zerlassener Butter in der Mitte, und sie konnte als Orakel eine Überraschung enthalten, beispielsweise eine Mandel, die dem Entdecker ein kleines Geschenk bescherte. Eine Grützportion musste in Schleswig ähnlich wie in Dänemark auf den Dachboden gestellt werden, um die Weihnachtskobolde zu besänftigen, die ansonsten das ganze Jahr über lästig fallen würden.

Heiliger Abend

Erst im Jahre 381 hat Kaiser Theodosius die Feier der Geburt Christi auf den 25. Dezember fixiert. Hierdurch ließ sich geschickt die alte römische Feier des Jahreswechsels, die Saturnalien (17. bis 24. Dezember), integrieren ebenso wie die Kalenden (1. Januar), und der im ganzen Mittelmeerraum damals noch in Resten lebendige Mithraskult. Auch im Norden finden sich in den alten Religionen Vorstellungen von Sonnenwendfeier und Fruchtbarkeitsriten, die auf friedlichem Wege zu absorbieren dieser Termin der Christgeburt entgegenkam. 813 erklärte die Synode zu Mainz die Christgeburt zum kirchlichen Feiertag.

Das Wort „Weihnachten" aber leitet sich ab von den „geweihten Nächten", den „wîhen nahten", eine Übersetzung der „nox sancta", der Heiligen Nacht.

Heimindustrie

Bis zum 2. Weltkrieg entstanden das meiste Spielzeug und die Ausstattung für Weihnachten und den Weihnachtsbaum in den deutschen Gebirgsgegenden des Erzgebirges und Thüringens in Heimarbeit. Damit verbunden sind die Orte Seiffen im Erzgebirge und Sonneberg und Lauscha in Südthüringen. Der Ort Seiffen, südöstlich von Chemnitz, hat seinen Namen nach der dort seit dem 14. Jahrhundert blühenden Zinngewinnung. Die Bergleute betrieben das Drechseln von Holz als Nebenerwerb, das im gleichen Maße zunahm wie die Ergiebigkeit der Bergwerke nachließ. Haushaltsgeräte wie Teller, Spindeln und Formen sind es zuerst gewesen. Seit 1760 haben vierspännige Pferdefuhrwerke Seiffener Spielzeug zu den Handelshäusern nach Leipzig und Nürnberg gebracht. Hier organisierten die so genannten Verleger und Großhändler den Handel, machten die Produkte in Katalogen und Probesendungen bekannt und stellten sie auf den jährlichen Messen vor. Sie organisier-

Reifentiere um 1910, Häuser um 1930, Erzgeb., Privatbesitz.

ten den Export in die ganze Welt. Für den Erfolg der Seiffener Ware ist von entscheidender Bedeutung die Verfügbarkeit von Holz und von billiger Arbeitskraft. Spielzeugarbeiter waren, organisiert von den Verlegern, hauptsächlich in Heimindustrie tätig. Ein begehrtes Spielzeug war im 18. und 19. Jahrhundert die Arche Noah mit bis zu dreihundert Tieren, die man rationell aus gedrechselten Holzreifen gewann. Hauptabnehmerländer hierfür waren England und Amerika, da die Benutzung von Spielzeug sonn- und feiertags untersagt war und die Arche Noah als didaktische, fromme Übung interpretiert werden konnte. Im Erzgebirge entstand auch das Weihnachtszubehör wie Nussknacker, Räuchermännchen, Engel usw., wie wir sie heute kennen. Ihre Tradition ist allerdings relativ jung, die Produktion erfolgt im steten Austausch mit der Thüringer Industrie.

In Thüringen galt Sonneberg als Zentrum des Spielzeughandels und der Produktion für die ganze Welt. 50 % des deutschen Spielzeugs kamen von hier. Besonders berühmt ist die Thüringer Puppe aus den unterschiedlichsten Materialien geworden, aus Porzellan, Holz und künstlichen Massen. Die Dörfer des Thüringer Waldes waren oft über Jahrzehnte auf ein

Drückerfamilie. Arbeiten in der Wohnstube, um 1920.

einziges Spielzeug spezialisiert. Ernst Rausch gibt 1901 einen entsprechenden Überblick:

„Papierartikel werden hauptsächlich in den Städten Sonneberg, Neustadt und Schalkau und in dem Dorfe Judenbach fabriziert. Die Roharbeiter zu diesen Waren, die sogenannten Papiermachédrücker, wohnen teils in diesen Orten selbst, zumal in Neustadt, öfter noch in der Umgegend, so in Hönbach und Wildenheid bei Neustadt, in Neufang und den Dörfern des Kirchspieles Oberlind bei Sonneberg, in Effelder und dem ganzen Kranz der um Schalkau sich ausbreitenden Ortschaften bis nach der Stadt Eisfeld hin, schließlich noch in Heinersdorf, südöstlich von Judenbach, nahe der bayrischen Grenze. Holzarbeiter, Schnitzer und Drechsler, finden sich zumeist am Südwestabhang des Waldes, von Forschengereuth nordwestlich von Sonneberg über Schwarzwald, Mengersgereuth, Schichtshöhn, Rabenäußig, Fichtach nach Effelder, Schalkau und darüber hinaus. Hier fertigt man Puppengelenke, Ratschen, Schnarren, Trompeten, Pferde und Wagen, Schäfchen und andere Tiere. Eisfeld hat zwei Fabriken für Holzpferde. In Hämmern, der nördlichsten Ansiedlung im Thale der Effelder, von deren Einwohnern schwerlich einer das Meer, wenige nur einen schiffbaren Fluß gesehen haben, werden Schiffe in allen Größen zu vielen Tausenden von Dutzend hergestellt. In Schalkau und Ehnes schnitzt und drechselt man Holzgewehre. Eine andere Art der Holzbearbeitung findet sich in dem eigentlichen Höhenzug. In Steinach, Lauscha und Steinheid fabriziert man Holzkästchen, namentlich zur Verpackung der Griffel. Judenbach und Neuenhau liefern Bilder- und Spiegelrahmen, Fettschächtelchen und Tuschkasten…“

1880 gab es in Sonneberg 481 Exportunternehmen und 321 Spielwarenbetriebe. Die Hausindustriellen, auf deren Fleiß und niedrigen Erlösen das System der Spielzeugherstellung beruhte, produzierten teilweise noch weit ins 20. Jahrhundert preiswerter und besser als die mechanisierten Fabriken.

Heimindustrielle liefern an der Verleger, Sonneberg, um 1920.

Musterzimmer Cuno & Otto Dressel, Sonneberg, um 1920.

Industrie und Handel

Für die verschiedenen Gewerbe des südthüringischen Raumes war der Fernhandel von Sonneberg aus von großer Bedeutung. Zuerst hatten im 15. Jahrhundert Nürnberger Kaufleute die Sonneberger Waren vertrieben, hauptsächlich hölzerne Geräte und Haushaltsgegenstände. Noch während des Dreißigjährigen Krieges wurden als neue Absatzgebiete Dänemark, Polen und ab 1641 auch Hamburg erschlossen. Seit 1664 belieferte man England. Auch wurden auswärtige Niederlassungen gegründet, etwa in Lübeck, Stockholm, Kristiania, Kopenhagen und Riga. Seit dem ausgehenden 18. Jahrhundert nimmt man sich auch der Waren aus anderen Gegenden an, aus Sachsen, Nürnberg, Berchtesgaden und Salzburg. Immer jedoch, bis zur Einführung der Gewerbefreiheit 1862, ist der Handel stets von Produktion und deren Organisatoren getrennt. Die Verbindungen solcher Sonneburger Großhandelshäuser sind ganz erstaunlich. Bereits im 18. Jahrhundert konnte

„das Geschäftshaus in 2 fremden Sprachen – der französischen und der holländischen – korrespondieren, es besaß Kunden in Aalborg in Dänemark, Bajonne – dazumal noch zu Spanien gehörig – London, Dublin, Glasgow, Amsterdam, Rotterdam, Paris, Lyon, Marseille, Rouen, Lille, Riga, St. Petersburg, Danzig, Hamburg, Kassel, Nürnberg, Berchtesgaden u. a. Orten in Deutschland. Die Spediteure befanden sich für Holland in Mainz, für Spanien und England merkwürdiger Weise in Altona, nicht in Hamburg, für Frankreich in Straßburg, für Dänemark und Rußland teils in Lübeck, teils in Bremen, für Danzig war ebenfalls Lübeck der Vermittlungsort, für Berchtesgaden Nürnberg. Für Bremen bestimmte Güter wurden vielfach nach Wanfried a. Werra verladen und von da per Kahn nach Bremen befördert; in gleicher Absicht für Hamburg bestimmte Güter nach Magdeburg. Vielfach zur Disposition für Nürnberger Firmen gesandte Güter nach Hamburg lassen vermuten, dass dieselben zu überseeischen Sendungen bestimmt waren.“

(Ernst Rausch 1901)

Julklapp

Julklapp ist das Überreichen von anonymen Überraschungspaketen und war die Attraktion der Betriebsfeste der 1950er und 1960er Jahre. „Jul“ ist das skandinavische Wort für „Weihnachten“ und von dort entlehnt. Ehemals stand Julklapp für das Überraschungspaket, das der Schenker reich verhüllt und eingewickelt in die Stube warf mit dem Ausruf „Klapp!“, um möglichst schnell und unerkannt zu entkommen. Der Spaß besteht nicht nur darin, den Geber zu erraten, sondern der Beschenkte wird oftmals mit Gedichten veralbert, die sich zusammen mit dem Geschenk im Paket befinden. Das „Klapp“ leitet sich wohl ab von den Klöpfel-Nächten, die letzten drei Donnerstage im Advent, an dem heute noch in Süddeutschland verkleidete Jungmänner von Haus zu Haus ziehen, an die Türen klopfen oder Erbsen und Bohnen gegen die Fenster werfen. Ähnliches hat es auch in Norddeutschland gegeben, ein spezieller Name dafür ist nicht mehr bekannt. Unter der Bezeichnung „Jul“ versuchten die Nationalsozialisten in Deutschland die christliche Weihnacht für ihre Zwecke umzudeuten und daraus eine Art heidnische Sonnwendfeier zu gestalten, glücklicherweise ohne größeren Erfolg.

Geschenkpapier, um 1955, Altonaer Museum.

Kaffee

Aus der Advents- und Weihnachtszeit ist Kaffee mit Weihnachtsgebäck nicht mehr wegzudenken. Dabei war Kaffee schon um die Jahrhundertwende ein alltägliches Volksnahrungsmittel geworden, kein Festgetränk. Es verdrängte zum Frühstück in Norddeutschland die übliche Buttermilch, in Friesland den Tee, Brei und Suppe in Schlesien und Bayern. Weihnachtskaffee in der Adventszeit ist ein Besuchskaffeetrinken. In vielen Familien hatte es sich schon Ende des 19. Jahrhunderts in Norddeutschland eingebürgert, als Abschluss der festlichen Speise des Weihnachtsabends oder des 1. Weihnachtstages einen sehr späten Weihnachtskaffee mit Weihnachtsgebäck einzunehmen, hierzu gehörten auch Nüsse und Marzipan.

Tüte für Weihnachtskaffee, um 1935, Privatbesitz.

Weihnachtskaffee, 1939.

Karpfen

Der Karpfen war ursprünglich keine Festspeise des Weihnachtsabends oder des 1. Weihnachtstages. Er gehörte in die Adventszeit, die ja eine Fastenzeit war, und musste wie andere Fische als Fastenspeise herhalten. Karpfen gehörten zu den „zahmen“ gezüchteten Fischen, die in Klöstern und Herrenhöfen in entsprechenden Teichen gehalten wurden, um alljährlich abgefischt zu werden. Hier züchtete man die Spiegelkarpfen mit kurzem, aber hohem Körper, angeblich, um der Fastenzeit gerecht zu werden, in der ein Fisch bescheidenen Maßes sein musste, um nicht über den Tellerrand zu ragen. In Norddeutschland ist Karpfen blau (gesotten und mit Essig übergossen) traditionelles Gericht am Weihnachtsabend in Erwartung des Fleischgerichts, etwa Gans am 1. Feiertag. In Süddeutschland hingegen genoss man den Karpfen auf böhmische Art, d. h. in Stücke „gespalten“ und gar gezogen in einem Sud aus Lebkuchen, karamellisiertem Zucker, Mandeln und Rosinen. Die gezüchteten Spiegelkarpfen besitzen fast keine Schuppen, umso größer ist die Nachfrage danach, denn eine Schuppe im Portemonnaie sicherte das ganze Jahr über, dass dieses nicht leer wurde.

Das Hamburgische Kochbuch, 1798 bei Johann Henrich Herold bereits in dritter Auflage erschienen, verfügt über mehrere Karpfenrezepte, so: Karpfen blau; in Bier gekocht; gefüllt; braun mit Mousserons; in der Casseroll mit Teig; en Hachée; gebraten mit Kapernsoße; schwarz gestopft; schwarz mit welschen Nüssen; mit Zwiebeln; mit Ingwer; mit Mandeln; mariniert. Sophie Armster, Besitzerin der London-Schenke in Stade, empfiehlt in ihrem „Kochbuch für alle Stände“ von 1828 folgendes Rezept:

„Gefüllter Karpfen
Hiezu muß man große Karpfen nehmen, und nachdem man sie geschuppt und gereinigt hat, schneidet man auf der einen Seite das Fleisch herunter, macht davon eine Fisch-Farce, […] bestreicht die abgeschnittene Seite des Fisches mit Eigelb und giebt dem Karpfen mit der Farce die gehörige Form wieder. Nun bestreicht man ihn abermals mit Eigelb und bestreuet ihn mit Semmelkrumen. Man kann ihn oben einkerben oder auch ihm mit einem kleinen Löffel die Form der Schuppen geben. Dann giebt man auf eine Schüssel geschmolzene Butter nebst einigen Scheiben guten Speck und einige Scheiben rohen Schinken, auch etwas gute Bouillon, legt den Karpfen mit der Seite, wo das Fleisch sitzt darauf, begießt die obere Seite mit der geschmolzenen Butter und setzt ihn in eine Tortenpfanne. Man legt nun unten und oben Feuer und läßt ihn, unter fleißigem Begießen in einer halben Stunde gar werden. Eine Sardellen- oder Austern-Sauce giebt man dabei.“

Werbung Firma Stukenbrok, 1912.

Kerzen

Auf dem Lande war bis zur Mitte des 19. Jahrhunderts neben den Unschlittkerzen der Kienspan aus harzhaltigem Kiefernholz das wesentliche künstliche Beleuchtungsmittel. Eine andere teurere Möglichkeit war der Trankrüsel (die berüchtigte Tranfunzel), in der recht teurer Waltran verbrannt wurde. Sie bestand aus einer Schale mit Docht und ließ sich an sägeartiger Halterung über dem Tisch, ähnlich wie der Topf über der Flamme, rauf und runter schieben, indem man „einen Zahn zulegte“. Billiger war der Betrieb solcher Lampen mit Rüböl, das allerdings rußte und stank. Den Docht drehte man aus dem Mark der Binsen oder flocht ihn aus Baumwollfäden. Erst in 1870/80er Jahren ging man nach amerikanischem Vorbild zur Petroleumlampe über, die ihrerseits in der Stadt bald vom Gaslicht und der Elektrizität verdrängt wurde, auf dem Lande aber oftmals bis in die 1920er Jahre das Hauptbeleuchtungsmittel war. Während Wachskerzen sehr kostbar waren, konnten erst Kerzen aus künstlichem Paraffin oder Stearin das Kerzenlicht für weitere Bevölkerungsschichten erschwinglich machen und somit letztlich den beleuchteten Weihnachtsbaum für breitere Schichten. (→ *Licht, Lichterkult*)

Krippe

Auch in Norddeutschland mag kaum eine evangelische Kirche zu Weihnachten ohne Krippe auskommen, meist aufgestellt im Turmraum, im Windfang oder einer Nebenkapelle, sei sie professionell geschnitzt, etwa aus Oberammergau, von den Kindern der Gemeinde aus Ton geformt oder aus einer Partnergemeinde der 3. Welt, z. B. in Afrika, etwa aus tropischem Holz. Die Krippen stammen ursprünglich nicht aus Deutschland und sind hier eine ausgesprochene Erscheinung des Südens. In Norddeutschland finden wir sie seit alters nur in Pommern. Die

Papierkrippe. Werbung der Versandfirma Stukenbrok, 1912.

heutigen, in den Familien benutzten Krippen des Advent oder der Weihnachtsstube sind ebenfalls entweder selbst gemacht oder gekauft, entweder geschnitzt aus guten Kerzengeschäften und entsprechend teuer, mal anthroposophisch im entsprechenden Stil und auf einem Schulbasar erworben, oder in Pappmaché von den klassischen alten Herstellerfirmen, wie Marolin in Steinach/Thüringen. Viel häufiger als solche hölzerne oder andere plastische Krippen wurden in Norddeutschland freilich seit dem letzten Viertel des 19. Jahrhunderts Aufstellkrippen aus Papier verwendet, die entweder aufklappbar waren oder aus entsprechenden gedruckten Modellierbögen sich zusammensetzen ließen.

Krippen bilden plastisch und verkleinert den Höhepunkt der Weihnachtsgeschichte ab, die Geburt Christi in einer kleinen Szenerie, so wie sie von den Hirten und den Heiligen Drei Königen erfahren wurde. Die älteste, von der wir wissen, ist jene des heiligen Franziskus von Assisi von 1223. Bildliche Darstellungen dieser Szenen orientierten sich wohl an den Mysterienspielen des Mittelalters, von wo sie ihren Weg zu den spätgotischen Altären fanden. Je nach ihrer Darstellungsweise bilden die Krippen unterschiedliche Typen aus, etwa die Bühnenkrippe oder die Kastenkrippe, die die Form des Kastenaltars übernahm mit einer schrägen Bergpartie, auf deren Hängen sich das Geschehen abspielt. In Deutschland ent-

Krippe, Polystyrol, Wagner Margarine, um 1955, Altonaer Museum.

stand die Landschaftskrippe, am häufigsten die Stallkrippe, die ganz einheimisch in Material und Konstruktion anmutet. Ferner gibt es Baumkrippen; der Baum soll an den Stamm David erinnern, die königliche Herkunft Christi andeutend, und das Leben symbolisieren, das den Tod überdauert. Schließlich gibt es Höhlenkrippen. Kirchliche und weltliche Fürsten ließen sich im 18. Jahrhundert lebensgroße Krippen anfertigen, ausgeführt von großen italienischen Künstlern. Sehr beliebt sind seit dem Ende des 18. Jahrhunderts Krippen in den Stuben der Bergleute, die im Nebenerwerb schnitzten. Hieraus erwuchsen in Heimarbeit auch Krippenfiguren für den Verkauf. Hierbei setzte sich der orientalische Stil durch, die Gegend von Bethlehem. Vorlagen hierfür fand man in der großen Kunst, etwa in der Bilderbibel von Julius Schnor von Carolsfeld oder bei Fritz von Uhde. Dabei hielt man sich im Allgemeinen an den Text des Lukas-Evangeliums. Erst die wohlfeilen Krippen aus Pappmaché oder Papier fanden auch in Norddeutschland häufiger ihren Weg unter den Tannenbaum, wo sie die Fläche innerhalb einer kleinen Umzäunung wie in einem Paradiesgärtlein füllten. Die Figuren der heutigen Plastikkrippen, die in jedem Kaufhaus zu bekommen sind, sind oftmals Abgüsse von geschnitzten Stücken. Meistens haben sie nur noch eine dekorative Funktion, eine optische Spielerei ohne tieferen Sinn.

Lebkuchen (Pfefferkuchen)

Der Pfefferkuchen ist eines der ältesten und beliebtesten Weihnachtsgebäcke. Seinen Namen hat er einerseits von den verwendeten Gewürzen, die im Mittelalter unter dem Begriff Pfeffer zusammengefasst wurden. Unter anderem Kardamom, Citronat, Muskat, Ingwer, Nelken, Piment, Zimt, Vanille, Rosenwasser können darin verwendet werden. Der Ursprung dieses mit Honig gebackenen, lange haltbaren und saftigen Kuchens (Honigkuchen) dürfte in den Kloster- und Burgküchen zu suchen sein. Ebenso wahrscheinlich ist es aber, dass sich der Namen von dem Pfeffern herleitet, dem Schlagen mit Ruten, das unter anderem mancherorts zu den Zwölften (Pfefferleinstag) Verwendung findet.

Zur Bäckerei der Kinder in der Weihnachtszeit gehört auch das beliebte Pfefferkuchenhaus nach dem Märchen von Hänsel und Gretel.

Lebkuchen-Oblaten, um 1955, Privatbesitz.

Lebkuchenbude, 1990.

Seit dem Mittelalter haben sich die Pfefferkuchenbäcker in eigenen Innungen zusammengeschlossen.

Eines der Zentren der Herstellung war ursprünglich Nürnberg, wo dieses Gewerbe bis heute lebt. Seit der Wiedervereinigung Deutschlands ist mit Pulsnitz in Sachsen ein weiterer Herstellungsort in das Bewusstsein gerückt. Hier werden seit spätestens 1558 Pfefferkuchen hergestellt. In Pulsnitz gibt es noch heute acht Handwerkspfefferküchlereien, die tätig sind, und eine Lebkuchenfabrik mit insgesamt 75 Mitarbeitern, die im ganzen Jahr diese Spezialität für den Export in die ganze Welt herstellen. Gehandelt wurden sie seit dem 17. Jahrhundert vor allen Dingen auf Volksfesten, Jahrmärkten und auf Messen. Bekannt ist die Firma E. C. Groschky, 1825 gegründet, als die älteste heute noch tätige Pfefferküchlerei in Pulsnitz.

Pfefferkuchen bzw. Lebkuchen, wie wir sie von den Marktbuden auf dem Hamburger Dom oder den Volksfesten Schleswig-Holsteins kennen, stammten ursprünglich aus reisenden Bäckereien. Heute freilich sind viele der dort angebotenen Herzen noch nicht einmal in Deutschland hergestellt, sondern kommen als Billigware aus Übersee inklusive der darauf mit Zucker gemalten lustigen Sprüche in deutscher Sprache.

Nach der Wiedervereinigung Deutschlands zeigte es sich, dass die Handwerksordnung das Pfefferkuchenhandwerk nicht mehr erwähnte. Folglich durften keine Lehrlinge mehr ausgebildet werden, und es war kein Meistertitel mehr zu erlangen. Es dauerte von 1990 bis 1998, bis dieser Zustand behoben war.

Viele der Pfefferküchlereien sind über Generationen hinweg in Familienbesitz geblieben. Die Rezepte werden gehütet und an die Erben weitergegeben. Feste Bestandteile aller Pfefferkuchensorten waren Mehl, d. h. Weizen-, Erbsen- oder Roggenmehl, dann Sirup, Honig oder Zucker und zuletzt Ammonium oder Pottasche als Treibmittel. Dazu kamen die speziellen Gewürzmischungen. Das Hamburgische Kochbuch, das 1798 bereits in 3. Auflage erschien, hat folgendes Rezept für „Honigkuchen":

„Man nimmt dazu 5 Pfund feines Mehl, 3 ½ Pfund Sirup, 1 ½ Pfund Zucker, 2 Pfund fein gehackte Mandeln, 16 Lot eingemachte Pomeranzenschale, 5 Lot vorher in Rosenwasser aufgelöste Pottasche, 3 Lot Kaneel, 1 ½ Lot Cardamum, 1 ½ Lot gestoßene Nelken. Wenn der Sirup kocht, wird der Zucker, das Gewürz, ¼ Pfund Butter, die Mandeln und zuletzt die Pottasche hinein getan, dann das Mehl eingerüht. Man läßt den Teig einige Tage bei einem warmen Ofen stehen, walzt solchen aus, belegt ihn mit Mandeln, bestreicht ihn mit Eiweiß und backt ihn auf Eisenplatten."

Das Geheimnis an den Pfefferkuchen ist das Ruhen des Teiges, weshalb es auch für private Haushalte völlig unmöglich ist, die komplizierten alten Rezepte der Pfefferküchler nachzubacken. Während die Kochbücher Ruhezeiten von einigen Tagen empfehlen, steht der „professionelle" Pfefferkuchenteig vier bis sechs Monate an einem kühlen Ort, um leicht zu gären. Dabei verhindern die eingekneteten Gewürze, dass die Gärung zu stark wird oder Säuren entstehen. Geruch und Geschmack der Aromen werden dabei im ganzen Teig verteilt. Vor dem Backen vermischt man dann den gelagerten mit einem Teil vom frischen Teig.

Lebkuchen-Model, 18. Jh., Altonaer Museum.

Neben den einfacher geformten waren die in hölzerne Modeln eingedrückte und somit mit Bildern verzierten Pfefferkuchen besonders beliebt. Sie waren sehr unterschiedlich in der Größe und im Preis. Die Sammlung verschiedener Modeln bildete ebenso wie das Geheimnis der Rezepturen das eigentliche Kapital der alten Werkstätten. Das Altonaer Museum besitzt eine umfangreiche Sammlung solcher Pfefferkuchenformen.

Hänsel und Gretel

„[…] und als sie ganz nahe heran kamen, so sahen sie, dass das Häuschen aus Brot gebaut war und mit Kuchen bedeckt. Aber die Fenster waren von hellem Zucker. ‚Da wollen wir uns dran machen', sprach Hänsel, ‚und eine gesegnete Mahlzeit halten. Ich will ein Stück vom Dach essen, Gretel. Du kannst vom Fenster essen, das schmeckt süß.' Hänsel reichte in die Höhe und brach sich ein wenig vom Dach ab, um zu versuchen, wie es schmeckte, und Gretel stellte sich an die Scheiben und knusperte daran. Da rief eine feine Stimme aus der Stube heraus: ‚Knupper, knupper, kneischen, wer knuppert an meinem Häuschen?' Die Kinder antworteten: ‚Der Wind, der Wind, das himmlische Kind', und aßen weiter, ohne sich irre machen zu lassen. Hänsel, dem das Dach sehr gut schmeckte, riss sich ein großes Stück davon herunter, und Gretel stieß eine ganze runde Fensterscheibe heraus, setzte sich nieder und tat sich wohl damit. Da ging auf einmal die Türe auf, und eine steinalte Frau, die sich auf eine Krücke stützte, kam heraus geschlichen. Hänsel und Gretel erschraken so gewaltig, dass sie fallen ließen, was sie in den Händen hielten. […]."

(aus dem Märchen der Brüder Grimm)

Die Pfefferküchlereien in Pulsnitz verfügten auch über Holzformen, aus denen sich die Teile für das Pfefferkuchenhaus (Dach, Wände usw.) formen ließen. Die Figuren waren meist jedoch nicht aus Zuckerwerk, sondern entstammten den Papiermaché-Werkstätten Thüringens: Hexe mit Katze auf der Schulter, Hänsel und Gretel. Man konnte sie noch in den 1950er Jahren auch in Norddeutschland in guten Schreibwarengeschäften erwerben.

Richtig populär wurden Pfefferkuchenhäuser, seien es fertige aus Konditoreien oder den Honigküchlereien, seien es selbst gemachte aus Honigkuchen und Kleingebäck, nachdem Engelbert Humperdinck seine Märchenoper „Hänsel und Gretel" 1894 in Weimar uraufgeführt hatte, die begeistert in ganz Europa aufgenommen wurde.

Lesung

Die Lesung war im christlichen Weihnachtsfest der Höhepunkt. Das Weihnachtsevangelium im Weihnachtsgottesdienst kannten alle auswendig in der alten Lutherübersetzung. In vielen Familien begann außerdem das häusliche Fest mit einer nochmaligen Lesung des Textes aus der Bibel. Daneben spielten Bücher als → *Geschenk* zu Weihnachten eine große Rolle. Zunehmend wurde die Erbauungsliteratur für die Jugend durch spannende Jugendbücher ausgetauscht. Die Weihnachtstage waren als Familienfest eine gute Gelegenheit zum gemütlichen Beisammensein, wobei sich einer guten erzählten oder vorgelesenen Geschichte lauschen ließ, meist nicht aus dem eben neu geschenkten Buch, sondern aus einem Jahr für Jahr wieder auftauchenden und genutzten Märchenbuch oder Erzählband. Beliebte Geschenke waren jährlich erscheinde Periodika für die Jugend, etwa das „Deutsche Knabenbuch", das „Deutsche Mädchenbuch", entsprechende Kalender mit spannenden Geschichten oder, in den 1950er Jahren, „Durch die weite Welt" und „Das neue Universum".

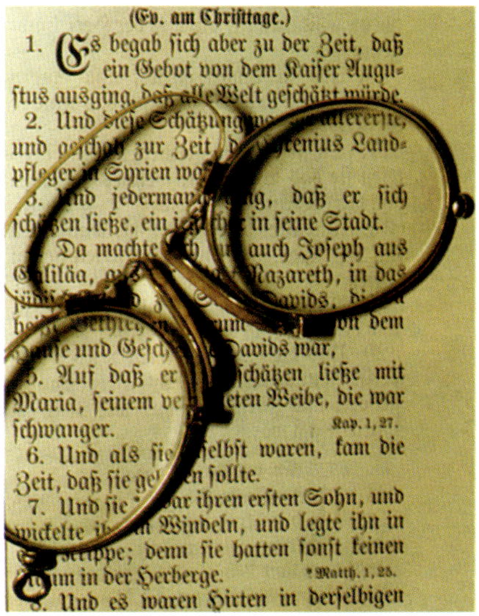

Das Weihnachtsevangelium. Bibel, Brille, um 1920, Privatbesitz.

Licht, Lichterkult

Künstliche Beleuchtung ist ein typisches Phänomen unserer Zeit. Sie lässt die Nacht zum Tage werden. Im Widerschein des „Abfalllichtes" über der Großstadt verblasst der Sternenhimmel. Die Selbstverständlichkeit und die Verfügbarkeit von hellen Stunden zu jeder beliebigen Zeit und Jahreszeit lässt uns heute vergessen, dass vor 1900 das Leben und Arbeiten des Menschen sich im Rhythmus des Tageslichtes vollzog und Letzteres daher während der hellen Jahreszeit auch produktiver war als in der dunklen. Arbeit und Tätigkeit außerhalb der Stunden des Tageslichtes waren in den Tagen vor Leuchtgas und Elektrizität für die meisten ein ungeheurer Luxus, denn die Leuchtkraft von Kienspan und Unschlittkerze war bescheiden. Künstliches Licht war so für die meisten ein nicht bezahlbarer Luxus, diente hingegen in illuminierten nächtlichen Festen weltlichen und geistlichen Fürsten der Selbstdarstellung.

Licht ließ sich als gottgefällige Spende in Form von Bienenwachs für Kerzen in der Kirche stiften. Licht im Dunkeln war Symbol für den Glauben und für Christus, die Sonne der Gerechtigkeit, der die dunkle Welt hoffnungsvoll erhellt. Mit künstlicher Beleuchtung wurde dies in den großen Kirchen eindrucksvoll demonstriert. Beispielsweise verschlang die Ausleuchtung der Schlosskirche zu Wittenberg zu Luthers Zeiten 35750 Pfund Wachs im Jahr. Diesen Lichterkult hatte die Kirche von uralten heidnischen Gottesvorstellungen übernommen. Nun aber erhellte das Licht des Glaubens die Finsternis der Ungläubigkeit. Selbst das Kirchengebäude war architektonisch gen Sonnenaufgang ausgerichtet. Paradiesisch drang das Licht des Ostens durch das Apsisfenster über den Altar in die Kirche. Aus dem Osten sollte am Jüngsten Tag die „sol iustitiae", Christus, erscheinen, um die Gerechten von den Ungerechten zu trennen. Licht im Dunkeln vertrieb die Dämonen der Finsternis.

Das Symbol des Lichtes durchzieht das Leben des Christen, von der Geburt und Taufe bis zum Tod und

Begräbnis. Eine besondere Rolle spielt dabei das Lebenslicht, das bei Taufe, Kommunion und Todesbereitung auf dem Sterbebett benutzt wird. Auch das Lebenslicht des Geburtstages und die lebenden Kerzen am Weihnachtsbaum gehören zu diesen Vorstellungen. Mariä Lichtmess (2. Februar) werden seit dem 10. Jahrhundert Wachs und Kerzen für Kirche und Haus geweiht. Diese sind dann besonders wirksam gegen Krankheit und plötzlichen Tod und wehren Dämonen, böse Geister und Hexen ab. Auch Blitz und Hagel werden von Haus und Hof fern gehalten. Die segensspendende Wirkung verlagerte sich von dem eigenen Licht der Kerze auch auf deren Wachs. Nicht nur galten Reste der Kirchenkerzen als starke geisterabwehrende Mittel, die Kerzen des Ostergottesdienstes wurden zerstückelt, verschenkt und nach Hause getragen. Hier ließ sich ihr gesegnetes Wachs in die eigene Kerzenproduktion einbinden.

Während also Bienenwachskerzen eine große Kostbarkeit darstellten, wurden Talg- bzw. Unschlittkerzen normalerweise im bäuerlichen Haushalt verwendet; beide wurden in gleicher Weise hergestellt, indem ein Docht aus geflochtener oder gedrehter Baumwolle oder Leinen immer wieder in heißes Wachs eingetaucht wurde. Erst seit der Verwendung von Stearin

Schachteln für Baumkerzen, 1930–1955, Privatbesitz.

und Paraffin werden sie maschinell in Formen gegossen. Ihr Einsatz in größeren Mengen am Weihnachtsbaum und aus Pyramiden war nun erschwinglich für weitere Kreise. Am Anfang des 19. Jahrhundert hatte man entdeckt, dass Stearin sich aus Hammeltalg herstellen ließ, der ohnehin für Unschlittkerzen verwendet wurde. Aus tierischen Fetten und Palmöl ließ sich ein Gemisch von Fetten bilden, das sich durch Beigaben von Kalk weiter veränderte. Das Verfahren, 1828 von französischen Chemikern entwickelt, führte bereits 1847 zu ersten Stearinfabriken in München und Nürnberg.

Eine Besonderheit waren Walratkerzen, die in den deutschen Küstengebieten, in England und Amerika Verwendung fanden. Sie hatten einen 30%igen Zusatz von Paraffin. Sie waren teuer, fast durchsichtig, entwickelten eine sehr helle Flamme und brannten fast ohne zu rußen. Kerzen bezog man noch in den 1950er Jahren aus der Drogerie, und bis dahin hielt sich auch der Brauch, vor dem Kauf das Produkt testen zu dürfen, indem man eine Kerze der gewünschten Sorte auf dem Ladentisch befestigte und einige Stunden brennen ließ, bis man vom Einkauf zurückkehrte. So konnte man feststellen, ob die Kerze tropfen und wie lange sie brennen würde.

Eine Neuigkeit der 1950er Jahre waren nicht-tropfende Weihnachtsbaumkerzen, die den Baumschmuck schonten. Kerzenstummel wurden stets gesammelt und wieder eingeschmolzen. Besondere Bedeutung kam den praktischen Kerzenhaltern für den Weihnachtsbaum zu. Sie stammten meist aus entsprechenden Fabriken des Erzgebirges oder Thüringens und waren aus Weißblech gepresst. Dabei gab es zwei Prinzipien der Befestigung: entweder mittels eines Hakens, der über dem Zweig ritt und ein bleiernes Gegengewicht hatte, oder mit einer gefederten Klammer. Die Blechpressen lieferten jedoch auch aufwendige Kerzenhalter, etwa in Form von Engeln mit Chromolithographie, die die Kerze auf ihren Köpfen zu halten schienen. Ein integriertes Schälchen verhinderte das Auslaufen des heißen Wachses. Die Lehr-

Kerzenhalter, Blech, Thüringen oder Erzgebirge, um 1900, Altonaer Museum.

meister-Bibliothek gab 1910 eine „Anweisung zur Selbstanfertigung von Christbaumschmuck“ heraus, darin findet sich auch eine Bastelanleitung für Kerzenhalter aus Stopfnadeln:

„Man nimmt die dicksten und längsten Stopfnadeln, die man auftreiben vermag. Nun macht man eine Nadel an dem Ende, an welchem sich das Ohr befindet, glühend und spießt sie ein kleines Stück weit in die Kerze hinein, die alsdann fest und gerade darauf sitzt. Alsdann durchsticht man mit der Spitze der Nadel einen Tannenast und zieht sie so tief herunter, daß die Kerze direkt auf dem Ast sitzt. Wie man begreift, hängt die Nadel jetzt mit der Spitze nach unten gekehrt, von dem Tannenast abwärts, was sehr unschön aussieht und auch leicht zu Verletzungen führen könnte, um diesen Übelständen zu begegnen, stößt man die Nadelspitze in einen bronzierten Flaschenkork. Ich sah diese Art von Kerzenhaltern vor wenigen Jahren in Wien und muß gestehen, daß sie auf höchst originelle Weise den Baum schmückten. Man vermag es sich schwer vorzustellen, wie apart diese vielen goldenen Pfopfen aussehen, die um den Baum herum gleichsam wie frei in der Luft zu schweben scheinen. die Nadeln sah man nämlich kaum. Jedenfalls dürfte es eine weniger zeitraubende Art, Lichter am Christbaum zu befestigen, kaum geben.“

Liebesgaben

Als Liebesgaben bezeichnete man im 1. Weltkrieg Pakete der Heimat an die deutschen Soldaten im Feld. Sie enthielten Kleidung, Lebensmittel, Genussmittel und Lesestoff und stammten von Privatpersonen, Vereinen oder dem Roten Kreuz. Das Auspacken durch die frohen Empfänger in Schützengraben oder Unterstand wurde in vielen, meist gestellten Photopostkarten verbreitet. Vor Weihnachten nahmen die Liebesgaben geradezu sturzbachartig zu. Schon im Oktober 1914 richtete der Beamten-Kommunal-Verein in Altona einen entsprechenden Aufruf an seine Mitglieder, Material für Liebesgaben zu sammeln:

„Die übermenschlich ausdauernden Anstrengungen unserer braven Truppen im Felde lassen es als Ehrenpflicht der hier verbliebenen Heimatgenossen erscheinen, den Angehörigen unserer eingesessenen Regimenter ein Zeichen treuen Gedenkens zu übermitteln. Unsere tapferen 31er und nicht minder unsere braven 45er haben es wohl verdient, daß wir uns wacker für sie ins Zeug legen und ihnen beweisen, daß treue Herzen in der Heimat für sie schlagen. Wir sind der festen Überzeugung, daß es nur dieser Anregung bedürfen wird, damit tausend fleißige Hände wetteifern werden, Liebesgaben für unsere Krieger herzustellen und zu stiften. Besonders erwünscht sind Wollsachen (Unterzeug, Westen, Strümpfe, Pulswärmer, Kopf- und Halstücher), Zigarren, Rauch- und Kautabak, Dauerwurst, Schokolade, Stöcke für Leichtverwundete usw. Auch Geldspenden werden gern entgegengenommen zur Beschaffung von Material und zur Ergänzung der Naturalgaben. Sammellisten und Gaben erbitten wir nach dem Altonaer Rathaus, Zimmer 36.“

Einen dieser frühen Transporte begleiteten Senator Marlow und Pastor Kähler ab Altona. Unter den zu verteilenden Gaben war auch die Kiste einer Neuenfelder Mädchenschule. Sie enthielt dreißig sorgfältig gepackte kleine Pakete:

„Jedes Paket enthielt eine Zigarrenkiste. In derselben befand sich z. B. eine Tüte mit 6 oder 12 Zigarren, eine Schachtel mit Zigaretten, ein oder zwei Stücke Kautabak, ein Stück Schokolade, eine Tüte mit gemahlenem Kaffee, eine Tüte mit Tee, ein Bleistift, 10 Feldpostkarten, etwas Nähzeug mit Zwirn, einige Knöpfe, eine Tüte Zucker, einige Bonbons. Die Kiste war umwickelt entweder mit einer Leibbinde, einem Paar Strümpfe, einem Unterhemd

oder einer Unterhose. In jeder Kiste lag ferner eine Karte des betreffenden Absenders, nach der Schrift zu urteilen von 10- bis 12jährigen kleinen Mädchen, des ferneren eine zweite Karte an den betreffenden Soldaten, der dieses Paket empfing, mit ungefähr folgendem Text:
Lieber braver Soldat!
Aus meinen Ersparnissen habe ich ein kleines Paket mit Liebesgaben zurechtgemacht; ich wünsche, daß du alles gut gebrauchen kannst. Sei so gut und schicke mir auf inliegender Karte eine Antwort, ob du mein Paket bekommen hast."
(aus dem Bericht des transportbegleitenden Altonaer Bürgers Hillegaart)

Mit fortschreitender Kriegsdauer freilich konnten die Frontsoldaten auf Heimaturlaub feststellen, dass die Versorgung zu Hause noch viel schlechter war als an der Front, sodass teilweise eine umgekehrte Versandrichtung einsetzte, indem Teile der Heeresverpflegung ebenso wie Basteleien aus Granatringen und Geschosshülsen als Weihnachtsgeschenke Richtung Heimat abgesandt wurden.

Liebesgaben, 1915.

Märkte

Märkte zur Vorweihnachtszeit haben in vielen deutschen Gegenden Tradition, am bekanntesten sind der Dresdener Striezelmarkt und der Nürnberger Christkindlmarkt. Die Bedeutung der traditionellen Weihnachtsmärkte in Norddeutschland wird seit Jahren von den entsprechenden Veranstaltungen in Fußgängerzonen und Einkaufszentrum geschmälert. Märkte boten in der Vorweihnachtszeit alles Zubehör für das Fest an, Spielzeug und Leckereien wie Lebkuchen, aber auch Textilien und Schuhe, die zu Weihnachten gerne verschenkt wurden. Ursprünglich hatten die Märkte eine enge Anbindung an das Kirchengebäude, an dessen Mauern sich die Buden schmiegten. Im Norden ist seit zweihundert Jahren der „Hamburger Dom" der beliebteste Markt:

Hamburger Dom

Der Hamburger Dom ist heute das größte Volksfest Norddeutschlands, das dreimal im Jahr für vier Wochen auf dem Heiligengeistfeld gefeiert wird. Bei dem Anblick der Achterbahnen, Riesenräder, Geisterbahnen und der vielen anderen Fahrgeschäften scheint es fast unvorstellbar, dass der Dom sich aus den bescheidenen Anfängen eines achttägigen Weihnachtsmarktes entwickelt hat. Die gotische Domkirche Hamburgs, zwischen 1804 und 1806 wegen angeblicher Baufälligkeit abgerissen, bot schon im 14. Jahrhundert den Kaufleuten und Straßenhändlern bei schlechtem Wetter Schutz. Im 18. Jahrhundert entwickelte sich daraus ein Jahrmarkt, auf dem man Geschenke und Luxusgegenstände kaufen konnte. Dazu zählten feine Tuche, Parfüms, Spielzeug, Bücher, Kalender, Leckereien etc. Seit 1804 wurde der Christ- oder Dommarkt auf dem Gänsemarkt abgehalten, nahm allerdings im Laufe der Zeit immer mehr Platz in Anspruch, sodass in der Mitte des 19. Jahrhunderts fast alle freien Flächen der Stadt mit Marktbuden belegt waren. In den 1840er Jahren veränderte sich das Bild

Mit dem zunehmenden Verkehr wurde der Dom zunächst ab 1881 nach dem Dammtor und in den 1890er Jahren auf das Heiligengeistfeld verlegt. In unserem Jahrhundert verlor er seinen Charakter als Weihnachtsmarkt endgültig, als er in den November verschoben wurde. Die Schausteller hatten dies angeregt, um dem Schmuddelwetter des Dezembers mit viel Regen und Schneefällen zu entgehen.

Beitrag: Lars Rebehn

Verkaufsbude mit Weihnachtsdekoration, 1990.

des Weihnachtsmarktes grundlegend, als immer mehr Schausteller ihre hölzernen Buden auf dem Gänse- und dem Großneumarkt errichteten. Hier gab es anatomische Präparate, Wachsfiguren, Panoramen, Automaten, Zauberkünste, Puppenspiel, fremde Menschen und Akrobaten zu sehen. Und trotz der schlechten Witterung, die für die Domzeit geradezu sprichwörtlich war, drehten selbst Karussells ihre Runden. Die Schaustellungen öffneten gewöhnlich drei Wochen vor Weihnachten und keine Hamburger Familie ließ sich die Gelegenheit eines Dombummels entgehen, bei dem das Angenehme mit dem Nützlichen verbunden wurde: Man vergnügte sich und kaufte Weihnachtsgeschenke ein. Einige Marktbeschicker kamen Jahrzehnte ohne Unterbrechung zum Dommarkt wie der Holländer Jan de Bruin (1796–1869), der seit 1822 jedes Jahr seine holländischen Waffeln und Poffertjes anbot. Dessen Nachkommen, die Familie Veldkamp, beziehen noch heute den Dom.

Lebkuchenbude, Hamburger Dom, 1999.

Ludwig Richter

Der Schnitzelmann von Nürnberg

Der Schnitzelmann von Nürenberg
Hat feil in seiner Buden. –
Ei schaut, da stehen Ries' und Zwerg,
Und Mohren, Türken, Juden.

Und dorten auf dem stolzen Ross
Sitzt kühn ein blanker Ritter,
Hoch ragt empor sein Felsenschloss
Mit Kettenbrück und Gitter.

Und neben dran da steht ja ein
Gewaltiger Nussknacker;
Der stemmt die Arm' und spreizt die Bein'
Und bleckt die scharfen Hacker.

Macht ein Gesicht als wie ein Russ,
Als wollt er Wen zerreißen:
Die Haselnuss, die welsche Nuss,
Nur her, ich will sie beißen!" –

Hier eine ganze Eskadron
Husaren und Ulanen,
Und Grenadier' ein Bataillon
Mit Adlern auf den Fahnen.

Trompeten, Trommeln und Gewehr'
Und Säbel und Pistolen,
Und Lanzen für ein ganzes Heer
Soldaten kann man holen.

Hier Wiegengaul und Steckenpferd
Zum Reiten für die Buben;
Und für die Mädchen Küch und Herd
Und prächt'ge Dockenstuben.

Und Gliederpuppen nett und schlank,
Und Kanapee und Sessel;
Geschirre, blitzend hell und blank,
Und Butten, Schaff und Kessel.

Und eine ganze Schäferei
Mit Hirten, Hund und Karren;
Und der Hanswurstel auch dabei,
Der mit dem Fuß kann scharren.

Wie der so schelmisch lachen kann,
Als wollt' er schier zerplatzen,
Weil er sieht seinen Schnitzelmann
So hinter'm Ohr sich kratzen.

Es kommen aus der ganzen Stadt
Die Kinder hergelaufen;
Weil aber keins 'nen Kreuzer hat,
Kann keines sich was kaufen. –

O Schnitzelmann von Nürenberg,
Hätt ich die schönen Sachen,
Da stünd ich nicht so überzwerch
Und tät Gesichter machen.

O Schnitzelmann von Nürenberg,
Hätt ich die schönen Dinger:
Ich wollte singen wie die Lerch
Und schnalzen mit dem Finger.

Um 1860 beschreibt die Frau Justizräthin Jaspersen, geb. Nielsen, auf Oestergaard in Angeln das Geschehen auf einem solchen Jahrmarkt, das aufgenommen wird in die Sammlung „Der Bildungsfreund. I. Theil. Ein vaterländisches Schul-Lesebuch für die Herzogthümer Schleswig-Holstein" von Heinrich Burgwardt, das in Altona 1867 in vierter Auflage erschien:

Kind: „O, sieh doch, Mutter, den schönen Schrein, mit Gold verziert und Elfenbein, von köstlichem Holze, so glatt und nett! Ach, wer doch so ein Kästchen hätt'!"

Mutter: „Von reichem Geräthe kein Glück uns kommt. Was ist es, das endlich den Menschen frommt? Von allen Bäumen, der Wälder Stolz, nur wenig Bretter von schlechtem Holz; d'raus zimmert der Tod uns den letzten Schrein und schließt die vergänglichen Wünsche ein."

Kind: „Ach, Mutter die schönen Gewänder schau! eins rosenrot, eins himmelblau! Wer solche Kleider tragen könnt', dem wär' wohl ein schönes Glück vergönnt!"

Mutter: „Das Glück wohnt tief in des Herzens Grund, den Leib umflattern die Bänder bunt; nichts haben Gewand und Seele gemein, d'rum können Gewänder kein Glück verleihn."

Kind: „In jenem Gewölbe schimmert es fein von Perlen und köstlichem Edelstein; solch' Halsgeschmeide zur Festtagszier, das wünscht' ich vor allen Dingen mir!"

Mutter: „Mein Kind, kennst du die Sage noch nicht, die uns vom Ursprung der Perle spricht? Der Unschuld Thränen auf Erden geweint, die sind zu Perlen und Demant versteint; und der Rubinen funkelnde Glut entstand aus schmählich vergossenem Blut. Es birgt die Fabeln wohl tiefen Sinn, d'rum wünsche dir nimmer Perl' und Rubin!"

Kind: „Sieh dorthin, Mutter, den schönen Pokal, die zierlichen Becher von hellem Krystall; wär' einer der niedlichen Becher mein, dann schmeckte Wasser besser, als Wein!"

Mutter: „Ein Wassertrunk aus geringem Thon, ist Himmelsgabe dem Durstigen schon. Am Kreuze schmachtete sterbend der Herr, er wollte trinken, ihm dürstete sehr; die Mörder reichten den Schwamm ihm hin, mit bitterem Wermuth und Essig d'rin. – Wer lebt auf Erden, der solches hört und noch eines reichen Bechers begehrt?"

Kind: „Was aber, Mutter kaufst du mir wohl? Von schönen Dingen ist Alles voll; es glänzt und winket mir nah und fern, und Etwas hätt' ich doch gar zu gern!"

Mutter: „Das Büchlein hier in dem schwarzen Band, das Testament unsers Herrn genannt; es ist sein Leben und Wandel d'rin, sein hoher Geist und sein Kindessinn, seine Demuth und seine Gnadenhuld, seine treue Liebe bis in den Tod, wodurch er uns versöhnte mit Gott, sein Friede, der in's ewige Leben quillt und alles Sehnen des Herzen stillt, und seiner Lehre himmlisches Licht, das hell und tröstend durch Wolken bricht und wundersam glänzt im ewigen Wort in unvergänglicher Klarheit fort. – D'rum halte dich an dem Büchlein fest, ob alles Andere dich auch verläßt! Wie einst nach Bethlehem ein leuchtender Stern die Weisen geleitet zur Wiege des Herrn: so führet es sicher durch Nacht und Zeit die gläubige Seele zur Seeligkeit."

Marzipan

Marzipan, abgeleitet vom lateinischen „marcipanes", das heißt Markusbrot, ist eine überbackene Masse aus Mandeln und Zucker. Eine andere Möglichkeit, den Namen abzuleiten, ist das italienische „marzapane", das sind kleine Schächtelchen mit Mandelgebäck, die wiederum ihre Bezeichnung von „mautaban" haben, das war die Bezeichnung für kleine Münzen, die man auf den Kreuzzügen von den Sarazenen übernommen hatte. Das Grundrezept besteht aus zwei Teilen geschälten, weißen Mandeln mit Rosenwasser, der mit einem Teil Zucker ähnlich den gebrannten Mandeln auf dem Jahrmarkt in einem kupfernen Kessel geröstet wird. Die plastische Masse wird danach zusammengeknetet und mit einem weiteren Teil Zucker modellierfähig gemacht, dann in Formen gedrückt und leicht überbacken. Die besten Sorten kamen traditionsgemäß aus Königsberg, Danzig, Hamburg und Lübeck (seit 1407). In Lübeck hat sich die alte Tradition dank der Firma Niederegger bis heute lebendig halten können. Ein Qualitätsbegriff, der durch das bekannte Verpackungsdesign von Alfred Mahlau zum Markennamen geworden ist. Marzipan ist seit Generationen in besonderen Formen und aufwendigen Verpackungen ein beliebtes Weihnachtsgeschenk.

Die Kochbücher für die bürgerliche Küche enthielten seit dem ausgehenden 18. Jahrhundert selbstverständlich auch mehrere Rezepte für die Bereitung von Marzipan. So auch das „Hamburgische Kochbuch oder Vollständige Anweisung zum Kochen, in Besonderheit für Hausfrauen in Hamburg und Niedersachsen, verfasst von einigen Frauenzimmern in Hamburg", das 1798 bereits in dritter Auflage erschien:

„Marcepan von Mandeln
Man kann ihn von Mandeln, Pistacien, Haselnüssen und dergleichen, machen, und auf vielerley Art. Süße Mandeln wirft man eine Nacht in kaltes Wasser, bis die Schaale herunter geht, stößt sie dann mit Rosenwasser ganz fein, mischt hierunter so viel gestoßenen Zucker, als die Mandeln wiegen, setzt Selbiges unter beständigem Rühren auf Kohlfeuer, damit es nicht anbrenne, bis der Teig nicht mehr anklebt, thut ihn alsdann auf einen mit Zucker und, wenn man dabey sparen will, Mehl melirt bestreuten Backtisch, dass er kalt wird. Nun rollt man ihn mit einem Rollholz wie einen andern Teig, macht davon solche Formen, als man will, Herzen, Kleeblätter, Sterne, oder nur rund: sie werden auf eisernen Bleche oder in der Tortenpfanne auch auf Oblaten bey mäßiger Hitze gebacken. Auf den, worauf ein Guß soll, legt man von Teig einen kleinen Rand, welcher zierlich gekräuset wird, herum. Wann derselbe gahr und kalt geworden ist, wird der Guß aufgestrichen mit eingelegten Früchten, buntem Streuzucker, Bildern, Succade oder verzuckerter Pommeranzen, dann läßt man es im Ofen wieder antrocknen. Auch kann man statt einem Pfund süßer, ein Viertelpfund bitterer mit dazu nehmen."

Ein anderes Rezept im selben Buch befasst sich mit gewürztem Marzipan, wo im Übrigen genauso verfahren wird: „Melirt man unter die Mandeln und Zucker ein Loth gestoßenen Caneel, etwas Cardemum, Nelken und Muskatenblumen, und dann formirt und bäckt man davon was man will."

Marzipanmodel, um 1900, Altonaer Museum.

St. Martin

Wie → *Nikolaus* und Johannes der Täufer gehört Martin zu den Heiligen, an deren Festtagen der Volksglaube, die Legende und das Brauchtum die eigentliche kirchliche Lithurgie in den Schatten stellen. Martinslieder, Martinsfeuer und Martinsumzüge sind in den verschiedenen deutschen Landschaften populär gewesen und teilweise bis heute erhalten. Seltsamerweise werden in den protestantischen Gegenden Brauchtum und Martinslieder auf Martin Luther bezogen. Die Martinsbräuche mit Bettelgängen und entsprechenden Liedern beschränken sich heute weitgehend auf das Rheingebiet und Süddeutschland. Im Norden ist vom Brauchtum kaum mehr übrig geblieben als die Martinsgans, die in der Familie gegessen wird, besonders noch im Herzogtum Schleswig unter dänischem Einfluss, wo „Mortensaften" noch begangen wird und die Legende lebendig ist. Die Gans hätte nämlich den verfolgten Martin durch Schnattern verraten und musste nun zur Strafe gegessen werden. Der wirkliche Martin hatte 370 bei Poitier als erster Mönch des Abendlandes gelebt, wurde Bischof von Tours. Der 11. November ist sein Todes- und Begräbnistag. Von Frankreich aus hatte sich der Martinskult besonders in das nordwestliche Deutschland verbreitet, wo ihm die ersten Kirchen geweiht worden sind. Die Martinsverehrung in Deutschland überschneidet sich tatsächlich teilweise mit anderen Rittergestalten wie der des Heiligen Michael und Georg. Er erscheint nämlich als Reiter auf einem weißen Pferd, der mit dem Bettler den Mantel teilt. Die Bezeichnung für eine kleine Kirche, „Kapelle", leitet sich von seinem Mantel, der „cappa" ab, der als Reliquie in Tours aufbewahrt wird, der „capella". Ein „capellanus" trug die Reliquie in der Prozession. Während der Martinsbrauch im Nordwesten der Bundesrepublik noch lebendig ist und mit großen Lichterumzügen und Feuern an Rhein, Ruhr, Mosel, Lahn, Nahe und Main und in Westfalen gefeiert wird, ist er aus Norddeutschland fast gänzlich verschwunden und zeigt sich nur in den beliebten Laternenumzügen des Spätherbstes, die allerdings zu Martin jegliche Verbindung verloren haben. Im Rheinland hingegen werden solche Laternenumzüge von St. Martin hoch zu Pferde angeführt, ganz als römischer Ritter verkleidet mit Rüstung, Schuppenpanzer, Beinschienen und Helm. Das Martinsbrauchtum scheint mit der Reformation in Norddeutschland weitgehend verloren gegangen zu sein, allerdings haben mancherorts die Kinder ihr Fest auf Martin Luther verlagert, der immerhin am 11. November Geburtstag hatte. Entsprechende Lieder haben sich in den evangelischen Teilen Westfalens, aber auch in den Küstenstädten Norddeutschlands erhalten.

Mistel

Die Mistel wurde ebenfalls als Weihnachtssitte von England übernommen. Noch vor 20 Jahren war sie in Blumengeschäften eine große Seltenheit, seit zehn Jahren ist sie aber in Mode und wird relativ preiswert angeboten. Sie ist auch im Norden Deutschlands heimisch, obgleich nördlich Hannovers selten. Die nördlichen Bestände sind offenbar aus Gärten ausgebrochen und verwildert, wie eine Untersuchung in Hamburg jüngst ergab.

Wie in England hängt man den Busch mit roten Bändern verziert in den Türrahmen. Der „ungestrafte" Kuss nach englischem Vorbild hat sich bei uns allerdings nie eingebürgert. Als Zaubermittel zur Abwehr des Bösen und in seiner Verwendung in der Volksmedizin war die Mistel allerdings auch in Norddeutschland erst in jüngster Zeit in Vergessenheit geraten. Misteln fielen mit ihrem geheimnisvollen Grün zur Winterzeit in den kahlen Obstbäumen besonders auf, was ihre Bedeutung als „Hexenbesen" von magischer, übernatürlicher Fruchtbarkeit erklärt. Bei der weihnachtlichen Verwendung denkt niemand an die praktische Eigenschaft der Mistel, deren Samen so klebrig sind, dass sie den Vögeln anhaften, die sie zu neuen Wirtspflanzen tragen. Aus diesem klebrigen Stoff bereitete man noch in den 1920er Jahren den Vogelleim, der, auf „Leimruten" gestrichen, Singvögeln zum Verhängnis werden konnte, deren man so leicht habhaft wurde, um sie in die Käfige der Vogelhändler zu stecken. Der Vogelfang mit Leimruten war eine typische Nebentätigkeit der Bergleute Thüringens und des Erzgebirges. Singvögel wurden in zugehörigen kleinen Käfigen durch wandernde Vogelhändler bis nach Norddeutschland verhandelt und waren in der Stube im Winter ein lebendiges Stück des Frühlings.

Mistel, Hamburg, 1984.

Auch in der modernen Medizin findet die Mistel durch ihre gefäßerweiternde Wirkung Verwendung, sie senkt den Blutdruck und beruhigt.

Neujahr

Neujahr, der Beginn des neuen Jahres, wechselte im Mittelalter mehrmals den Termin, bis Papst Innozenz XII. es 1691 auf den 1. Januar festlegte. Freilich hat sich die Erinnerung an die alten Termine im Brauchtum lange gehalten, mancherorts bis heute, so an Weihnachten oder am Dreikönigstag. Der Anfang des katholischen Kirchenjahres hängt an seiner eigenen Zählung und ebenso unser heutiges wirtschaftliches Geschäftsjahr.

Der Abend vor Neujahr, Silvester, wurde nach dem gleichnamigen Papst (gestorben 335) benannt. Die Neujahrsnacht ist die Zeit der Geister und Unholde. Alle ruhelosen Seelen sind auf der Suche nach Erlösung. Man kann sich aller Gefahren mit Feuer, Krach, Räucherwerk und Abwehrzauber erwehren. Die Menschen verkleiden sich mit Masken in jene Kreaturen, die sie fürchten, da alle Dämonen vor dem eigenen Ebenbild erschrecken und zurückweichen. Die Umzüge verkleideter Kinder, wie wir sie heute noch zu Neujahr kennen, sind letzte Reste solchen Brauchtums. Die „Holtchen" kommen auf Amrum in einem Kleid aus Stroh daher.

Die Neujahrsnacht ist auch die Nacht der Prophezeiungen und Orakel, wie etwa das „Schuhwerfen", eine Prophezeiung um den künftigen Bräutigam, oder das Bleigießen. Dieses wurde seit dem ausgehenden 19. Jahrhundert mit regelrechten Orakel-Bastelsätzen ausgeführt, die Thüringer Manufakturen lieferten, Pappkästchen mit einem halben Dutzend hohler bleiener Figürchen, die zuvor als Schmuck des Weihnachtsbaumes dienen konnten. Waren sie abgenommen, konnten sie in einem Löffel über der Flamme geschmolzen und in kaltes Wasser geschüttet werden, wo sie unter Zischen seltsame Figuren bildeten, die im Schatten vor einer Kerzenflamme ausgedeutet wurden, je nachdem, an welche Gestalt sie erinnerten. Den Bleigießsätzen lag häufig eine kleine Gebrauchsanweisung zur Nachhilfe der Phantasie bei.

In der Neujahrsnacht ist das kleinste Ereignis wichtig. Es wird beobachtet und als Orakel gedeutet, weil es Aussagen über das ganze kommende Jahr zulässt. Denn wie der Anfang des neuen Jahres so verläuft auch das ganze, das gilt für Geld, Liebe, Gesundheit usw. Eine letzte Reminiszenz des reichen Neujahrsbrauchtums hat sich in der heutigen Sitte erhalten, sich gegenseitig am Neujahrstag oder bei Dienstbeginn am zweiten Januar Glück, Gesundheit und ein gutes neues Jahr zu wünschen, auch völlig Fremden beim Neujahrsspaziergang auf der Straße oder im Park.

Verkleidung zu Neujahr, Altona 1956.

In Oldenburg und im Herzogtum Holstein ist Silvester wie Weihnachten ein Fullbuuks-Abend (voller Bauch). Denn ist man am letzten Tag des alten Jahres ordentlich satt, wird man es auch im ganzen neuen Jahr sein. Zu den besonderen Speisen dieser Zeit gehören in Norddeutschland die „Eiser-Kuchen", die in zangenartigen Formen am offenen Feuer oder im Backofen gebacken werden. Sie werden seit der Jahrhundertwende allerdings immer häufiger durch die allgemein verbreiteten „Berliner Pfannkuchen" ersetzt, Fettgebackenes, das mit Punsch oder Sekt runtergespült wird.

Neujahr war oft auch in wirtschaftlicher Bedeutung ein Neuanfang, so für die Pacht, den Zins, die Zahlung oder für die Dienstbotenanstellung. Unsere heutigen Zuwendungen, wie Jahresbonus oder -gratifikation sind Überbleibsel solcher Neujahrssitten, ebenso wie Briefträger und Müllleute selbstverständlich eine entsprechende Neujahrszuwendung erwarten, wobei letztere oft durch einen Händedruck etwas nachhelfen: „Die Müllabfuhr wünscht ein gutes neues Jahr." In vielen Familien gibt es zum Neujahrsabend Fisch: Dorsch oder Karpfen, der ursprünglich ein Weihnachtsessen war, dann durch Truthahn- oder Gänsebraten verdrängt wurde und sich deshalb auf diesen Termin verlagert hat.

Das große Feuerwerk zu Neujahr, das jedem über 18 Jahre die Gelegenheit bietet, mit Streichholz oder Feuerzeug Blitz und Donner zu entfachen, leitet sich von dem Abwehrzauber her, durch Krach, etwa von zerberstendem Geschirr, wie wir es heute noch vom Polterabend kennen, die bösen Geister der Neujahrsnacht zu vertreiben. Millionen von Mark werden verpulvert. Dagegen hat sich seit Jahrzehnten von den Kirchen eine Gegenbewegung gebildet, die mit „Brot statt Böller" dazu auffordert, das sonst für Feuerwerk investierte Geld lieber an „Brot für die Welt" zu spenden. Die Feuerwehren haben in dieser Nacht viel zu tun. Durch Unachtsamkeit mit Feuerwerkskörpern kommt es jährlich zu großen Schäden. Besonders die Besitzer von „weichgedeckten" Häusern, so auch das Altonaer Museum bei seiner Außenstelle Rieck-Haus, fürchten fehlgeleitete Raketen, die sich in das Reetdach einbohren und dort wie Langzeitzünder wirken. In Hamburg finden die Opfer solcher „Neujahrsspäße" in der Hamburger Feuerkasse, der ältesten noch aktiven Versicherung der Welt, einen verlässlichen Partner für Beratung und Schadensabwicklung.

Die klassische „Lärmbelästigung" zu Neujahr, die auf die gabenheischenden Kinder aufmerksam machen sollte, war der Rummelpott (→ *Umzüge*).

Nikolaus

In Deutschland bürgerte sich die Verehrung des heiligen Nikolaus seit dem 10. Jahrhundert ein. Nikolaus war im 4. Jahrhundert n. Chr. Bischof von Myra in Kleinasien gewesen. Um seine eigene Lebensgeschichte ranken sich viele Legenden, die sich mit anderen Überlieferungskreisen überschneiden, insbesondere mit denen des Abtes Nikolaus von Sion aus dem 6. Jahrhundert. Die Verehrung geht vom Rheinland aus, möglicherweise durch den Einfluss der Gemahlin von Kaiser Otto II., der griechischen Prinzessin Theophanu. Von hier aus verbreitet sich der Kult mit Händlern und Handelsflotten nach Norden und Osten. In Deutschland gab es mehr als 2000 Kirchen, die Nikolaus geweiht waren. Er ist wohl im Mittelalter der bekannteste Heilige.

Nikolaus ist der Patron der Seeleute und Schiffer. So war er besonders in den Hansestädten und Häfen beliebt. Hier wie an der Küste waren ihm Kirchen geweiht, wozu auch St. Nikolai in Hamburg nahe des ersten Hamburger Hafens zählt.

Nikolaus ist auch der besondere Schutzpatron der Schüler, weil er seiner Legende nach drei fahrende Schüler zum Leben erweckte. Wie sein Heiligenfest lag das Ende des Schuljahres am 6. Dezember. Dieser Tag war im Mittelalter mit dem des Kinderbischofs verbunden, dem „episcopus puerorum", der trotz eines Verbotes aus dem 9. Jahrhundert weiter gefeiert wurde. In protestantischen Gegenden verlagerte sich seine Verehrung auf Weihnachten und ging allmählich auf die Gestalt des Weihnachtsmannes über. In vorreformatorischer Zeit dürfte auch im Norden das reiche Brauchtum um das Nikolausfest, wie wir es im Rheinland und in Süddeutschland kennen, zelebriert worden sein. Letzte Reste sind das Niklassingen der verkleideten Kinder in Bremen, die an den Drei-Königs-Umzug erinnern und wovon noch aus den 1930er Jahren berichtet wird. Sie gehen von Tür zu Tür, um Gaben zu erhalten: „Nikolas, der gode Mann, / klopt an alle Dören an. / Kleene Kinder

Nikolaus,
Oblate um 1910,
Altonaer Museum.

bindung zu dem eigentlichen Heiligen immer mehr. Nikolaus hat auch einen Hofstaat, schwarze verkleidete Schreckgestalten, die bei der Befragung der Kinder gute Dienste tun. In Süddeutschland ist das der „Krampus“; in Norddeutschland spricht man vom „Pelzmichel“ oder „Pelzebock“, im Rheinland von „Hans Muff“, und in Holland fürchten sich die Kinder vor dem „Schwarzen Pitt“. Seit der Reformation ist dieser Begleiter wohl hauptsächlich als Knecht Ruprecht bekannt und erhielt als solcher die Stellung als Gehilfe des Weihnachtsmannes. In Norddeutschland aber bringt der Nikolaus die Gaben am 6. Dezember heimlich und ungesehen. Allerdings ist es nötig, einen Schuh als Postkasten aufzustellen, den er dann mit Naschwerk füllt. An der Nordsee glaubt man, dass er dabei ein Schiff für seinen Transport benützt.

Während Nikolaus im Süden sein Aussehen als Soldat zu Pferde behielt, wandelt er sich im Norden seit

schenkt er wat, / grode Kinder steckt er in'n Sack. Hali, hali, hallo, so geit's na Bremen to.“

Südlicher begegnet man dem Nikolaus höchstpersönlich als verkleidetem Erwachsenen zu Pferde. Er trägt ein bischöfliches Gewand, Mitra und Bischofsstab. Ähnlich wie sein späterer Nachfahre, der Weihnachtsmann, zog der Nikolaus von Haus zu Haus oder von Schule zu Schule und befragte Lehrer, Eltern oder Kinder, ob letztere fleißig gelernt hatten. Die Faulen schalt er aus, die Fleißigen wurden belohnt.

Auch in der Altmark hielt sich diese Sitte lange, etwa bei Wittenbergen, Stendal und Salzwedel, wo ein Vermummter von Anfang bis Mitte Dezember durch die Dörfer ging und als „Klaasbuur“ oder „Burklaas“ bezeichnet wurde. In Mecklenburg wurden solche Gestalten „Rauklaase“ genannt, und in Schleswig-Holstein hat sich zumindest die Bezeichnung „Bullerklaas“ erhalten. In Friesland erwartete man den „Sönner-“ oder „Sunnerklaas“. Dabei verliert sich die Ver-

Nikolaus,
Pappmaché,
Thüringen,
um 1925,
Privatbesitz.

der Reformation in einen alten Mann, einen Einsiedler mit langem Bart. Die Spielzeughersteller Thüringens haben sich dieser Sitte angenommen und weit vor der Jahrhundertwende bereits Ausstattungen für den Nikolaustag hergestellt, etwa Stiefel aus Pappmaché, rot angemalt, die das Kind anstatt seiner eigenen nehmen konnte. Weiterhin fabrizierten sie Nikoläuse in allen Größen mit hohlem Leib, die vom Fuß her mit Süßigkeiten gefüllt werden konnten. Diese waren besonders für den Export nach Amerika sehr beliebt und prägten dort ebenso wie deutsche Postkarten und Glanzbilder das spätere Aussehen des amerikanischen Weihnachtsmannes (→ *Xmas*).

Nüsse

Nuss wird als Bezeichnung für ganz unterschiedliche Früchte und Samen verwendet, die jedoch durch ein ähnliches Erscheinungsbild auffallen: Ein weicher, wohlschmeckender Kern wird unter einer harten Schale verborgen, die „geknackt" werden muss. Unsere einheimischen Nusssorten, Hasel- und Walnuss, sind unverzichtbare Bestandteile der Weihnachtszeit und lassen sich auch von Paranüssen und jüngeren Importsorten nicht verdrängen. 1991 importierte die Bundesrepublik Deutschland 16 316 Tonnen Walnüsse mit Schale und 3165 Tonnen geschälte, die aus Nordamerika, China, der Türkei, Indien, Italien und Frankreich stammten. Die einheimische Produktion ist verschwindend gering. Die Weltproduktion an Haselnüssen betrug 1991 5 070 000 Tonnen mit und 75 117 000 Tonnen ohne Schale, die hauptsächlich aus den USA, Italien und Russland stammten. Die Türkei jedoch erzeugt 70 % der Weltproduktion an geschälter Ware. Bei uns fielen die Haselnüsse unter die Forstordnung, und Sammler hatten deshalb etwas zu bezahlen. Im Allgemeinen holte man die reifen Nüsse durch Schlagen mit Gerten von den Büschen. Daran knüpfte sich manche Redewendung und Spruchweisheit, denn das Schlagen wird zum Fruchtbarkeitszauber. So zum Beispiel, wenn man im Volksglauben meint, der Busch müsste geschlagen werden, damit er reich trage, und das müsse möglichst in der Weihnachtsnacht oder zu Johannis geschehen. Mitunter eignen sich besondere Tage für das Pflücken. In Sundewitt/Nordschleswig ist der „Nusstag" für das Nüssesammeln bestimmt. Man zieht gemeinsam aus, denn in der Gruppe fühlt man sich sicher vor den Geistern und Kobolden des Waldes und des Feldes, denen man ihr Eigentum entreißt und die mitunter mit einem symbolisch niedergelegten Teil der Beute besänftigt werden. Solche Tage klangen mit Tanz und Festlichkeiten aus. Die große Enzyklopädie Krünitz führt im ausgehenden 18. Jahrhundert verschiedene Rezepte mit Haselnüssen auf (1789):

> „Man pflegt auch die Bart- oder Lambertsnüsse mit Zucker zu überziehen, und sodann als eine sehr geachtete, und einem Glase Wein aufs beste angemessenste, Confitüre zu essen. Es werden aber die getrockneten Kerne gedachter Nüsse, nachdem die Haut mit einem Federmesser behend abgenommen wurde, mit Zucker überzogen, wenn man den geläuterten Zucker bis zum dritten Grad der Verdickung [...] gebracht hat. Dieses Confext dauert aber nicht lange, indem der Zucker, vornehmlich bey feuchter Luft, bald abschmilzt. [...]
> Die Zuckerbäcker machen von den Haselnüssen auch folgende Zubereitungen.
>
> **Haselnuß-Conserve**
> Ein halbes Viertelpfund Nüsse werden abgebrühet, und, so dünn als möglich, in die Quer geschnitten. Hernach läßt man 1 Pfund Zucker nach großer Federart sieden, nimmt ihn vom Feuer, rührt, wenn er etwas erkaltet ist, die Haselnüsse mit einem Rührlöffel darunter, und gießt es in papierne Formen. Wenn es kalt ist, zerschneidet man es in Tafeln von beliebiger Größe.
>
> **Zuckerbrot von Haselnüssen**
> Man stößt $^1/_4$ Pfund Haselnüsse in einem Mörser klein, und feuchtet sie, während der Arbeit mit Eyweiß an. Hierzu thut man $^1/_4$ Pfund Zucker, und stößt es, bis beydes wohl unter einander gemengt ist. Ferner mischt man das wohl geschlagene Weiße von 4 Eyern darunter und formirt daraus das Zuckerbrod."

Seit Jahrhunderten ist die Haselnuss im Volksglauben, ähnlich wie die Walnuss es für den Süden war, im Norden von großer Bedeutung. Wunderbar musste ihre frühe Blüte, oft noch im Winter, erscheinen. Hinzu kam ihr schnelles Wachstum und die leichte Ver-

Wundernuss des Kpt. J. A. Andersen, Apenrade, Mitbringsel, um 1880.

Gerade in der Weihnachtszeit hatte die Familie Muße für solche Basteleien. Es ließen sich daraus Puppenwagen oder -wiegen machen. Das Püppchen darin bestand aus einer kleineren Frucht und als Kopf diente eine Vogelbeere oder Mehlbeere. Als Decke nahm man einen Stoffrest. Typische Nussschalentiere sind Schildkröten, deren Kopf, Arme und Beine man aus Stöckchen oder Papier herstellt. Auch Musikinstrumente wie Klappern sind möglich, wenn man zwei halbe Nussschalen auf ein gefaltetes Stück Karton klebt. Schließlich gibt es verschiedenste bewegliche Nussspielzeuge, wie die Nusstrommel, die ähnlich wie eine Kastagnette funktioniert, oder die Nussmühle, die wie ein Jojo an einem Faden auf und nieder steigt.

pflanzbarkeit. Die beblätterte Haselrute galt als Lebensrute, ähnlich wie der Maibaum. Sie machte sogar sterile Frauen fruchtbar. Auch die geknackte Haselnuss bot ein Orakel. Sie erweckte die alten Vorstellungen des Haselstrauches als Fruchtbarkeitszauber, denn die paarweise zusammenstehenden Nüsse mussten einen Vergleich mit den männlichen Hoden nahe legen. Darum heißt der Haselstrauch in Hamburg „Klödderbusch“, nicht etwa weil die Nüsse daran rasseln. „Nüsseknacken“ war ein anderes Wort für das Beschlafen einer Frau.

Das heute noch weit verbreitete Weihnachtsspiel der „Philippine“, der Wünschelnuss, ist dann angesagt, wenn sich zwei Kerne in einer Hülle anfinden, und steht mit alten Fruchtbarkeitsprophezeiungen in engem Zusammenhang. Der Doppelkern bedeutete ehemals, dass der Bursche oder das Mädchen den Partner heiraten würde, wenn er oder sie auch eine solche Wundernuss finden würde, oder der Kern wurde bei einer Hochzeit unter die Gäste geworfen und aufgefangen.

Leere Nussschalen besonders der Walnuss eigneten sich ausgezeichnet für die Herstellung von Spielzeug.

Nussspielzeug (Hi.)

Nussknacker

Nussknacker sind Geräte zum Knacken der harten Nussschalen, um an den weichen Kern zu geraten. Figürliche Nussknacker, wie wir sie heute aus dem Erzgebirge in vielerlei Formen kennen, entstanden wohl zuerst im 17. Jahrhundert im Grödner Tal in Südtirol. Andere kamen seit dem 16. Jahrhundert aus Berchtesgaden. Wahrscheinlich veranlasst durch die Händler, die die Leipziger Messe bestückten, zogen die Thüringer Spielzeuggestalter im frühen 19. Jahrhundert nach. Besonders beliebt waren die Nussknacker-Karikaturen aus Catterfeld, zum Beispiel Napoleon, dem nun jeder eine harte Nuss zum Knacken geben konnte, genauso wie es zuvor in politischen Karikaturen aus England dargestellt worden war.

Der klassische figürliche Nussknacker in der Gestalt eines Königs dürfte freilich erst nach dem bekannten Buch des Arztes und Schriftstellers Heinrich Hoffmann (1809–1994), dem Autor des weltbekannten „Struwwelpeter“ (1848), entstanden sein, der 1851 „König Nussknacker und der Arme Reinhold“ verfasste. Zuvor hatte 1816 E. T. A. Hoffmann in seinem Kindermärchen „Nussknacker und Mäusekönig“ die Knackerfigur auf ein literarisches Podest erhoben, während Peter Tschaikowskys „Nussknacker-Suite“ erst gegen Ende des 19. Jahrhunderts entstand.

Der Nussknacker, wie wir ihn heute kennen, ist jedoch eine Erfindung der Schnitzerfamilie Füchtner, die heute bereits in der 6. Generation ihren berühmten Nussknackerkönig herstellt. Etwa 5000 Stück verlassen jährlich die Werkstatt in Seiffen. Der Vorfahr Friedrich Wilhelm Füchtner (1844–1923) hatte um 1870 den glücklichen Gedanken, den aus Thüringen bekannten gedrechselten Nussknacker mit der literarischen Gestalt Heinrich Hoffmanns zu verbinden, wie er im Kinderbuch auftrat. Besonders beliebt sind diese Nussknacker, auch hergestellt von anderen Firmen, in den USA, wo es Sammlervereinigungen mit über 15 000 Mitgliedern gibt. Einige Sammlungen sollen dort über 10 000 Objekte besitzen.

Nussknacker, Bergknappe, E. K. Möller, Seiffen, 1995, Privatbesitz.

E. T. A. Hoffmanns Buch eignet sich besonders zum Vorlesen in der Weihnachtszeit. Begeistert hören die Kinder, wie die Heldin der Geschichte, Marie, auf dem Weihnachtstisch als Geschenk einen Nussknacker vorfindet.

„Ein sehr vortrefflicher kleiner Mann […], der still und bescheiden da stand, als erwarte er ruhig, wann die Reihe an ihn kommen werde. Gegen seinen Wuchs wäre freilich vieles einzuwenden gewesen, denn abgesehen davon, dass der etwas lange, starke Oberleib nicht recht zu den kleinen, dünnen Beinchen passen wollte, erschien auch der Kopf bei weitem zu groß. Vieles machte die propere Kleidung gut, die auf einen Mann von Geschmack und Bildung schließen ließ. Er trug nämlich ein sehr schönes, violett glänzendes Husarenjäckchen mit vielen weißen Schnüren und Knöpfchen, ebensolche Beinkleider und die schönsten Stiefelchen, die jemals an die Füße eines Studenten, ja wohl gar eines Offiziers gekommen sind. Sie saßen an den zierlichen Beinchen so knapp angegossen, als wären sie darauf gemalt. Komisch war es zwar, dass er zu dieser Kleidung sich hinten einen schmalen unbeholfenen Mantel, der recht aussah, wie von Holz, angehängt und ein Bergmannsmützchen aufgesetzt hatte. […] Aus den hellgrünen, etwas zu großen hervorstehenden Augen sprach nichts als Freundschaft und Wohlwollen. […] ‚Ach!‘, rief Marie endlich aus. ‚Ach, lieber Vater, wem gehört denn der allerliebste kleine Mann dort am Baum?‘ ‚Der‘, antwortete der Vater, ‚der liebes Kind, soll für euch alle tüchtig arbeiten, er soll euch fein die harten Nüsse aufbeißen, und er gehört Luisen ebenso gut wie dir und Fritz.‘“

Oh, du fröhliche (Lieder)

Das Kirchenlied hatte durch die Reformation bedeutenden Aufschwung erhalten, ja es war neben der Predigt essentieller Bestandteil des Gottesdienstes unter Beteiligung der ganzen Gemeinde geworden. Aus der Kirche fanden viele Lieder Eingang in das private weihnachtliche Festgeschehen. Luther selbst hatte mehrere Weihnachtslieder geschrieben, die heute noch gesungen werden. Dabei formte er teils katholische Hymnen um oder bediente sich alter Volkslieder, die seine neuen Texte bei den Gläubigen sofort populär machten. So wurde aus der Melodie zu „Ich kam aus fremden Landen her“: „Vom Himmel hoch da komm ich her“. Das letzte von Luther selbst mitgestaltete Gesangbuch von 1545 teilte die Lieder bereits nach Anlässen auf. Die katholische Kirche hatte bald verstanden, wie wichtig das gemeinsam gesungene Kirchenlied für die Stärkung der Glaubensgemeinschaft sein konnte, und gab ihrerseits 1567 das erste katholische Kirchengesangbuch heraus, das viele protestantische Melodien übernahm. Unsere heutigen Weihnachtslieder bedienen sich aus beiden Quellen. Teilweise wanderten sie von Süden nach Norden, etwa „Stille Nacht“ des Salzburger Pfarrers Joseph Mohr von 1818, das sich schließlich in der ganzen Welt verbreitete und in 44 Sprachen gesungen wird. 1831 sang man das Lied in Leipzig, 1840 in Hannover, bald darauf in Berlin, worauf es Eingang in die protestantischen Gesangbücher fand. Sehr produktiv im Verfassen von Weihnachtsliedern waren die evangelischen Kantoren und Organisten. „Es ist ein Ros entsprungen“ stand beispielsweise erstmals im katholischen Andernachschen Gesangbuch von 1608, 1609 gab ihm Michael Praetorius, evangelischer Kantor in Wolfenbüttel, seine heutige Form. In seiner alten Fassung druckte es ein katholisches Gesangbuch von 1599 als Marienlied. Diesem wurde die Legende von einer zur Winterzeit wundersam erblühenden Rose unterlegt.

Pfeffernüsse

Pfeffernüsse hatten in den Weihnachtstagen die wichtige Rolle von Spielgeld bei Pfänder- oder Gesellschaftsspielen. Das Hamburgische Kochbuch nennt 1798 ein Rezept für braune Pfeffernüsse:

> „Aus 4 Pfund Sirup oder Honig, 4 Pfund Mehl, 4 Lot Butter, 1 Lot Nelken, 1 Lot Kaneel, $^{1}/_{2}$ Lot Kardamom, $^{1}/_{2}$ Lot Nelkenpfeffer, 2 Pomeranzenschalen, 2 Lot Succade, 2 Lot gereinigter Pottasche, die tags vorher in Rum oder Franzbranntwein aufgelöst wurden, wird ein Teig geknetet, die Pfeffernüsse daraus geformt und solche auf einer eisernen Platte gebacken.“

Punsch und Grog

Der Grog ist ein alkoholisches Heißgetränk aus gezuckertem Wasser mit Rum, Cognac oder Arrak. Es trägt seinen Namen nach dem englischen Admiral Vernon, der das Gebräu in der Flotte zur Ermunterung und als medizinische Maßnahme gegen das schlechte Süßwasser an Bord eingeführt hatte. „The old grog“ war der Spottname des Admirals selbst wegen seines Tuchrocks aus „Grogram“ (Kamelhaar).

Weihnachtspunsch, 1937.

Während der einfache Grog der „Erwärmung“ dient sowie ein ausgesprochenes Herren- bzw. Männergetränk war und ist, griffen die Damen zu Eierpunsch oder Eierquirl, die offiziell zur Stärkung bei schwacher Konstitution verhelfen sollten.

Auch der Punsch ist englischen Ursprungs. Seine Zubereitung ist aber bereits am Ende des 17. Jahrhunderts auf dem Festland bekannt. Er verdankt seinen Namen der Fünfzahl der Zutaten, „pantscha“, was in Sanskrit „fünf“ bedeutet, nämlich Wasser, Tee, Zitronensaft, Zucker und Arrak umfasst. Punsch entpuppt sich somit als typisches englisches Kolonialgetränk. Ersetzt man das Wasser durch Wein, erhält man Weinpunsch.

Entgegen heutiger Sitte wurde der Punsch wie eine Bowle kalt getrunken. Punsch ließ sich gut vorbereiten und anschließend bei Bedarf aufwärmen. Fertigen schwedischen Punsch in Flaschen gab es schon um 1900, auch als Essenz, alle Bestandteile konzentriert enthaltend, sodass man nur noch Wasser zum Verdünnen hinzugeben musste.

Heiße Rotweinpunsche sind ausgesprochene Wintergetränke und in der Weihnachtszeit besonders beliebt. Wie es in Spoerls „Die Feuerzangenbowle“ heißt, legen sie sich allerdings aufs Gemüt. So ist die berühmte Feuerzangenbowle eigentlich von ihrer Zusammensetzung her ein Punsch mit Nelken, Zitronenschalen und Zimt. Ähnlich wie der schwedische Punsch ist sie jedoch ohne die dort obligaten Mandeln und Rosinen, die einen echten „Glögg“ ausmachen.

In den letzten 20 Jahren haben sich auf den Weihnachtsmärkten auf Punsch spezialisierte Getränkebuden etabliert, die fertige Punschmischungen ausschenken, gegen Aufpreis mit einem Schuss Rum oder Arrak. Alkoholfreier Punsch, ursprünglich zu Kinderfesten gereicht, findet auch bei Erwachsenen und Autofahrern immer mehr Anhänger. Er wird aus Früchtetee zubereitet sowie ebenfalls mit Nelken und Zimt gewürzt.

Pyramiden – Weihnachtsgestelle – Föhrer Bögen

Unter dem Einfluss der Werkstätten des Erzgebirges, die Weihnachtszubehör jeglicher Art geliefert haben, verstehen wir unter dem Begriff „Pyramide“ heute ein stufig aufgebautes Gestell mit einer drehbaren Mittelachse und Mühlenflügeln, die durch die aufsteigende Hitze der brennenden Kerzen angetrieben werden. Die einzelnen Etagen nehmen allerlei gedrechselte Menschen- und Tierfiguren auf. Im Mittelpunkt des Ganzen ist eine kleine Krippenszene.

Gestelle in dieser Art hat es jedoch in vielen deutschen Landschaften gegeben. Allgemein werden sie als Vorgänger des Tannenbaumes verstanden. Hierzu gehören auch die so genannten „Friesischen Weihnachtsbögen und -gestelle“. Von diesen hieß es, sie

Sarah, Pyramide, aus Mecklenburg, 1998.

seien eine Art Ersatz, weil es auf den friesischen Inseln und den Halligen keine Tannenbäume gäbe. So einfach ist die Geschichte jedoch nicht. Pyramiden und Gestelle fanden in verschiedenen Gegenden Deutschlands Verwendung. An sie wurden das weihnachtliche Grün und Kerzen gebunden. Außerdem nahmen sie Backwerk, Früchte und Zuckerleckereien auf. Die erzgebirgischen Pyramiden hingegen, die in der heutigen Form keine 150 Jahre alt sind, wurden über den Hamburger Hafen in die ganze Welt verhandelt und verwischten ähnlich wie der Tannenbaum die alten örtlichen Sitten.

Die Konstruktion der Pyramiden und Weihnachtsgestelle war von Ort zu Ort verschieden. Die Föhrer Bögen sind anders gebildet als zum Beispiel die Weihnachtsgestelle in Berlin. Allen gemeinsam ist jedoch eine Standplatte, von deren Ecken Leisten ausgehen, die sich oben in einem Punkt treffen, daher der Name. In Südjütland heißen solche Gestelle „Klausenbaum", was vom Nikolaus abzuleiten ist. Im friesischen Sprachraum spricht man von „Kenkensbuum". Typisch für diese Gestelle ist im gesamten Küstenbereich, wo die Tanne ursprünglich nicht heimisch war, dass sie mit Buchsbaum als Immergrün oder mit Efeu bestückt sind. Die typische Form der Föhrer Weihnachtsbögen ist aus einem stammartigen Mittelständer und kreuzartig darauf genagelten, sich allmählich verbreiternden Querlatten gebildet, deren oberste ein zum Bogen gespanntes Holz aufnimmt. An der Basis des Stammes stehen oftmals Adam und Eva als Kuchen gebacken, die andeuten, dass das Ganze ein Paradiesbaum sein soll. Aus dem Paradiesgärtlein erwächst der grüne Baum des ewigen Lebens. Es bietet sich an, diesen Baum des Lebens mit roten Äpfeln zu schmücken, die an den Sündenfall erinnern sollen. Im Übrigen nahmen diese Gestelle Zuckerwürfel, Zwetschgen, Apfelringe und Ketten aus Rosinen auf. Sie konnten mit Staniol geschmückt sein, immer häufiger auch mit Zubehör des Tannenbaums vom Festland, etwa Kerzenhaltern und gläsernem Schmuck.

Das Altonaer Museum besitzt in seiner Sammlung mehrere offensichtlich auf Föhr oder anderen friesischen Inseln um 1900 hergestellte Weihnachtsbögen und Pyramiden, die für museale Zwecke allerdings mit Nachbildungen der Kuchen und Leckereien aus Gips versehen worden sind.

Der von Föhr stammende Pastor Hinrich Cornelius Ketels (1855–1940), Sohn eines Kapitäns, hat die Verwendung eines „Kenkensbuums", wie die Föhrer Bogen auf Föhr selbst hießen, beschrieben:

„Die erste Vorbereitung auf den Weihnachtsabend bestand darin, daß der ‚Kenkensbuum' (Kindchensbaum) vom Hausboden heruntergeholt und von Staub, Spinnweben gesäubert wurde. Der erste, dessen ich mich erinnere, war sehr klein, etwa reichlich anderthalb Meter hoch, eine kantige Stange, oben mit einer Spitze, in einen hölzernen rechteckigen Fuß eingelassen und mit drei bis vier dünnen Querhölzern, von unten nach oben kürzer werdend, versehen.
Als die Kinderzahl zunahm, fertigte Vater einen größeren ‚Baum' an, höher und stärker. Die ‚Zweige' waren schräg nach oben in den ‚Stamm' eingelassen, auf jeder Seite zwei, und von diesen gingen wieder kleinere waagerecht aus. In anderen Häusern waren die Gestelle anders geformt, hier von einem halbkreisförmigen Reifen überspannt, dort – um einen Baum mehr zu markieren – gingen die Zweige nach allen vier Richtungen auseinander.
Hauptsächlich wurde die Vorstellung eines ‚Baumes' erweckt, entweder durch Umwickeln des ganzen Gestelles mit grünem Papier oder durch Bekleiden der ‚Zweige' mit Pflanzengrün. Dies war aber stets sehr knapp. Wir bekamen immer einige Efeu- oder Immergrünranken und wenn's hochkam: ein paar Zweige von einer verkrüppelten kleinen Tanne aus Nachbar Roeloffs Gemüsegarten am Kirchenweg, und wir rüsteten mit großer Sorgfalt den ‚Baum'. Gegen Abend wurde er auf den Tisch vor den Spiegel gestellt, und wenn Vater von der Stallarbeit kam, wurde wohl in der Dämmerung schon einmal ein Weihnachtslied gesungen. [...] Am unteren Ende des Baumes standen traditionell Adam und Eva aus Kuchenteig mit dem Paradiesbaum zwischen ihnen; quer über den Baum gespannt waren Girlanden aus aufgereihten Feigen, Pflaumen und Rosinen. Angehängt oder angebunden waren an den Baum weiße Kuchen, mit Rote-Bete-Saft angerötet und mit Goldflitter beklebt; dazu Tiere, wie Pferde, Kühe, Schweine, Hirsche; auch Gebrauchsgegenstände, zum Beispiel Pfeife, Uhr. Die Spitze sowie die Zweigspitzen waren mit Äpfeln besteckt. Zu den Seiten des Baumes lagen dann die wertvollen Weihnachtsgeschenke: Wollschal, Gebrauchsgegenstände für die Schule, Taschenmesser, Taschentücher und dergleichen." (nach Gundel Paulsen)

Quempassingen

Ein Höhepunkt der Kirchenmusik in der Vorweihnachtszeit ist in Norddeutschland das Quempassingen. Sein Name leitet sich ab von einer missverstandenen lateinischen Textzeile des Weihnachtshymnus:

„Quem pastores laudavere
Quibus angeli dixere
Absit vobis iam timere
Natus est rex gloriae."

Beim Quempas wird dies in deutscher Sprache gesungen als:

„Denn die Hirten lobten sehre
Und die Engel noch viel mehre
Fürcht' euch fürbass nimmermehre,
Euch ist geboren ein König der Ehr."

Ursprünglich sang man dies im Wechselgesang als Dialog mit der Gemeinde. Der festliche Höhepunkt beim Quempassingen ist der Einzug der ausführenden Knaben (heute auch Mädchen) mit brennenden Kerzen in die Kirche. Im Quempas drücken sich Reste der katholischen Frühmesse des Weihnachtstages aus, die sich trotz vieler Verbote im 18. Jahrhundert haben erhalten können. Dabei gab es ursprünglich eine volkstümlich-dramatische Darstellung des Geschehens mit gesanglicher Begleitung. Die Sitte überlebte in Brandenburg, Pommern, Posen, Sachsen, Schlesien, aber auch in Lüneburg, Mecklenburg, Schleswig-Holstein, Hamburg und Westpreußen. Heute allerdings ist Quempas an keinen bestimmten Termin gebunden.

Räuchermännchen

Die beliebten Räuchermännchen, hauptsächlich im Erzgebirge hergestellt oder in Fernost imitiert, können gerade auf eine 150-jährige Geschichte zurückblicken. Die heutigen Räuchermännchen aus gedrechselten Holzkörpern entwickelten sich aus hohlen Pappmachéfiguren Thüringens, die ursprünglich Anschauungsspielzeug waren, wo der Rauch, der aus unsichtbarer Quelle dem Leib entquoll, Teil eines didaktischen Spiels war.

Im Katalog des Spielzeugverlegers Bestelmeier gibt es 1803 verschiedenste plastische Räucherfigurationen, etwa einen heidnischen Rauchaltar, einen Pfeife schmauchenden Husaren usw. Erst im Sonneberger Spielzeugmusterbuch von 1831 treten regelrechte Tabaksraucher auf, und zwar dutzendweise, ausgestattet mit Zigarren oder Pfeifen. Diese rauchten mit Hilfe von Räucherkerzen, die im Inneren verborgen waren, ein Geheimnis, das nur der Besitzer kannte und das bei seinen Gästen allgemeines Erstaunen hervorrief.

Räucherkerzen dienten im 18. Jahrhundert medizinischen Zwecken und waren in Apotheken erhältlich, die auch die Grundstoffe verhandelten. Apotheker

Räuchermännel-Macher Haustein und seine Frau, um 1925.

waren es auch, die die Herstellung der Räucherkerzen in Heimarbeit organisierten. Während im Erzgebirge das ganze Jahr über geräuchert wird, war das Räuchermännchen in Norddeutschland ursprünglich nur zur Weihnachtszeit aktiv. Die Hersteller bieten heute Räucherkerzen auch für den Sommer an, um Raumdüfte zu erzeugen oder Mücken zu vertreiben.

„Gefährten im Advent, sollten einige unter euch sein, die nicht wissen, was ein Räucherkerzchenmann ist, so sollen sie die Ohren spitzen:
Ein Räucherkerzchenmann ist eine aus Holz gedrechselte Figur in der Höhe etwa zweier Christbaumlichter, die aus zwei Teilen besteht. Der obere Teil, das heißt Kopf und Oberkörper, ist innen ausgehöhlt; er kann vom Unterkörper abgenommen werden. Warum? Damit ein Räucherkerzchen in den Hohlraum gestellt werden kann. Hat man den Oberkörper wieder über den Unterkörper gestülpt und hat man nicht vergessen, das Räucherkerzchen anzuzünden, so fängt alsbald das Männlein hingegeben zu qualmen an; denn alle Räucherkerzchenmänner verkörpern starke Raucher, und zwar Pfeifenraucher.“ (K. A. Findeisen)

Solche Räucherfiguren wurden wahrscheinlich erstmals in Thüringen um 1780 hergestellt. Diese Pappmaché-Figuren wurden seit etwa 1830 im Erzgebirge in gedrechseltem Holz nachgeahmt. Es entstand das „Räuchermännchen“, wie wir es heute kennen.

Räuchermännchen, Erzgebirge, 1980–93, Privatbesitz.

Die erzgebirgischen Räuchermänner sind typisches Saisonspielzeug für die ganze Familie. Sie erzeugen „Weihnachtsstimmung“.

Räucherkerzen

Reise: Weihnachtsferien und Verwandtenbesuch

Die Zeit zwischen Weihnachten und Neujahr ist schulfrei: „Weihnachtsferien“ von der Schule, während für die Erwachsenen die Freizeit auf die eigentlichen Festtage beschränkt ist und häufig sogar am 24. und 31. Dezember noch halbtags gearbeitet werden muss. In einigen Bundesländern gibt es zusätzlich Skiferien.

Weihnachten nicht zu Hause zu verbringen, war noch in den 1960er Jahren für Familien fast unvorstellbar. Wenn man verreiste, ging es zu den Großeltern. Aber am häufigsten kamen diese zu den Kindern und Enkelkindern zu Besuch. Fernreisen an Weihnachten war nur etwas für die entsetzlich Reichen, die sich schrecklicherweise dorthin begaben, wo es keine Weihnachtsbäume gab. Mit den pauschalen Flugreisen unserer Tage sind allerdings frostfreie Weihnachten für viele Familien erschwinglich, wenngleich das Weihnachten der Kinder dabei auf der Strecke bleibt. Charakteristischerweise wagen auch die wenigsten damit anschließend in der Klasse zu prahlen, ganz im Unterschied zu den Expeditionen, die manche Eltern ihren Kindern im Sommerurlaub gönnen.

Schmuck des Weihnachtsbaumes

Baumschmuck, Glas, Pappe, Holz, Watte, Zinn, Thüringen und Sachsen, 1900–1925, Privatbesitz.

Die frühen Weihnachtsbäume waren „Fressbäume", behangen mit vielen Leckereien, wie ein Stück aus dem Paradies oder Schlaraffenland. Aus der Nürnberger Gegend wird 1795 von einer solchen Dekoration berichtet:

„[...] In allen Aestchen und Zweigen hiengen nun allerhand kostbare Conditor- und Zuckerwaren, als: Engel, Puppen, Thiere und dergleichen, alles von Zucker: welches mit den Blüthen des Baumes gar artig harmonierte. Ferner hing auch vergoldetes Obst, von allen Sorten, in großer Menge daran, so daß man unter diesem Baume wie in einem Speisegewölbe sich befand: und es ist nur jammerschade, daß nicht auch Schinken und Bratwürste [...] und Schwartenmägen, Ochsenfüsse, nebst gebratenen Tauben dran hiengen. In der Mitte dieses Magazins befand sich der heilige Geist in seiner gewöhnlichen Gestalt, als eine allerliebst schöne Taube von Zucker, zur Rechten hieng das Christkindlein, und zur Linken seine Mutter – gar niedlich anzusehen, und alles von Zucker, so daß ich beyde, die Jungfrau Maria nebst ihrem Kinde, vor Liebe wohl hätte fressen mögen, wenn es wäre erlaubt gewesen. Endlich war der ganze Baum, mit allen seinen Zweigen und Früchten, mit einem goldenen Netz, das von vielen tausend vergoldeten, und an Schnüre gereihten Haselnüssen gar künstlich zubereitet war, überzogen, und mit Guirlanden und Bandelotten, wie an einem Kronleuchter geziert. Zwischen all diesen Kostbarkeiten leuchteten eine unzähliche Menge Wachslichtlein hervor, wie Sterne am Himmel, welches ein prächtiger Anblick war."
(Simplizianischer Wundergeschichts-Calender auf das Jahr 1795, Nürnberg 1794)

1856 erstrahlt in Schleswig ein Baum ebenfalls noch mit einer Opulenz essbarer Gaben:

„Sprachlos staunten die Kinder empor zu dem strahlenden Christbaum,
Der in der mittleren Stub aufragte vom Boden zur Decke.
Rings mit Lichtern geziert, buntfarbigen hellen Geflimmers,
Breiteten weit hin aus sich der Krone geregelte Zweige,
Welche mit Früchten behangen und auserlesenem Backwerk.
Doch wer könnte beschreiben den Reichtum, alle die Gaben,
Welche der freundliche Baum herniederbot mit den Armen!
Feigen, Rosinen und Pflaumen in Meng und saftige Trauben,
Grün abwechselnd mit blauen, und rosenwangigige Äpfel,
Birnen der zartesten Art, und Tüten mit Nüssen gefüllet,
Andere voll Krachmandeln und bunt umwickeltem Zucker.
Aber daneben an Fäden befestigt, schaukelte lockend
Schönverziertes Gebäck aus Marzipan und aus Blatteig,
Bunt und golden bemalt und geformt zu verschiednen Figuren.
Hier ein Reiter zu Roß, dort wieder ein tanzendes Pärchen,
Hier ein Baum und dabei zwei liebende: alles zum essen!
Aber es glänzten zumeißt im Widerscheine der Kerzen
Dort an den Spitzen der Zweige die goldumklebten Eier,
Stolz auf Glanz geründete Form, doch nichtiges Inhalts,
Welche bewegt von der Hitze sich schaukelten.
Aber daneben Himmelsleiter von buntem Papier und farbige Bänder.
Also stand einladend der Staunen erregende Christbaum.
Hell durch das dunkele Grün aufschimmerten heiter die Kerzen."
(Friedrich Dörr: Christabend. Halle 1856, 56)

Zu solchem selbst gemachten Schmuck kam im letzten Viertel des 19. Jahrhunderts auch die Bastelbögen der Bilderoffizinen. Eine solche für Norddeutschland typische Mischung enthielt auch der Weihnachtsbaum der Familie von Theodor Storm 1884.

Weihnachtszimmer um 1920.

Gegen Ende des Jahrhunderts ist bereits viel des Selbstgemachten und Essbaren von industriell gefertigtem Schmuck aus Papier, Metall oder Glas verdrängt worden, und bis auf die (noch nicht) elektrischen Kerzen ist der Weihnachtsbaum dem unserer Tage ganz ähnlich. Bereits 1893 wird diese Entwicklung in der „Gartenlaube“ bedauert:

„Wer von uns Aelteren hätte wohl in seiner Jugend geglaubt, daß man seinen Christbaum anders schmücken könnte als mit vergoldeten Aepfeln und Nüssen, denen man selbst ihr glänzendes Gewand angezogen hatte, oder mit bunten Ketten und Netzen, die man mit mehr oder weniger kunstfertiger Hand selber geschnitten, oder mit Marzipan- und Pfefferkuchen, den die Mutter selbst gebacken? Heutzutage ist das alles anders. Der Baum muß glänzen, glitzern, funkeln, blenden, daß einem die Augen übergehen. Da giebt es goldig und grün schillernde Kerzenhalter, blitzende Eiszapfen, silbern schimmernde Blüthen, in deren Kelchen die Lichter ihren Strahl tausendfach brechen, blau blinkende Sterne mit silbernem Kometenstreifen, goldiges und farbiges Engelshaar, Eisguirlanden aus Lametta, dazwischen farbenglühende Schmetterlinge und gaukelnde Kolibris, weiße Täubchen, schwarze Schwalben und zierliche Sammetäffchen mit Schirmen, bunte Glaskugeln, Glöckchen und unzählig bunte, entzückende Nichtigkeiten, die den Christbaum zu einem Feengeschenk stempeln, das sinnverwirrend berauschend wirkt. Und das alles ist fix und fertig zu haben. Da liegt es in den Läden vor unseren erstaunten Augen.“ (Gartenlaube 1893)

Der Vorgang des Schmückens war nicht nur ein Zeremoniell, das Eltern oder Großeltern heimlich ausführten, es war auch eine Wissenschaft für sich, denn der Baum musste durch regelmäßige Belastung am Umkippen gehindert werden. Am besten ging man nach der Gebrauchsanweisung im „Goldenen Weihnachtsbuch“ von 1878 vor:

„Die Schmückung beginne zunächst mit den schwersten Gegenständen, welche am besten in die Nähe des Stammes und in die Mitte des Astes gebracht werden. Nach diesen empfiehlt es sich, die Nüsse anzubringen. Abwechselnd miteinander müssen goldene und silberne etwa 3–4 Stück an die längeren und 2–3 an die kürzeren und an die obersten ganz kurzen Zweige je nur 1 Stück gebunden werden. Die ebenfalls vergoldeten und versilberten Tannenzapfen dürfen dagegen schon weiter nach vorn in das zweite Drittel des Astes, vom Stamme aus gerechnet, gebracht werden. Marzipan und Konfekt nimmt sich am besten zwischen je zwei Nüssen aus. Glänzende Glaskugeln, Früchte und dergleichen gibt man mehr den oberen Ästen, um den Effekt der sich in denselben brechenden Lichtstrahlen zu genießen. Metallspiralen und Christbaumglocken verteilt man an die Enden der Nebenzweige, weil diese dünner sind und aus diesem Grunde leichter in Bewegung geraten, als die stärkeren Hauptzweige. Die Körbchen und Netze aus Papier gibt man den Nebenzweigen. Die einzelnen Sterne werden überall gleichmäßig verteilt, während die Ketten sich abwechselnd als Nuß-, Stroh-, Stern-, Papier- und dergleichen Ketten über die Äste schlingen und verteilen. Papiertüten kommen stets an die Spitzen der Zweige, am besten unterhalb der Lichter. Auf der Spitze des stehenden Baumes bringt man gewöhnlich einen großen Stern aus mit Goldpapier überzogener Pappe an, in dessen Oval man entweder einen selbstgemalten oder fertig gekauften Weihnachtsengel einklebt. Prächtig nimmt sich auch ein breites Atlasband mit Goldfransen aus, welches in altgotischer Schrift den hehren Weihnachtsspruch: ‚Ehre sei Gott in der Höhe‘ trägt.

Nachdem noch die Lichter auf dem Baume angebracht worden sind, wird die Oberfläche der Äste mit lose auseinander gezupfter Watte belegt und diese mit ausgezogenen Fäden Silberrage befestigt.“ (Das goldene Weihnachtsbuch 1878)

Botenfrauen liefern dem Verleger Christbaumkugeln, Lauscha um 1921.

Revolutioniert hatte den Schmuck des Weihnachtsbaumes der gläserne, innen verspiegelte Schmuck, der im kleinen thüringischen Städtchen Lauscha erfunden worden war. Hier stellte man in Heimarbeit seit Mitte des 19. Jahrhunderts vor der Gasflamme hohlgeblasene Glaskörper her, am einfachsten Kugeln, aber durch Einblasen in gipserne oder porzellanerne Formen auch Figuren der unterschiedlichsten Art. Innen verspiegelt und mit einem Aufhänger versehen, waren sie leicht zu transportieren, aber außerordentlich zerbrechlich und mussten Jahr für Jahr ergänzt werden.

Neuer Glasschmuck aus alten Formen, Mike Lerch, Lauscha 1996, Altonaer Museum.

Der hauptsächliche Abnehmer dieser in Heimarbeit hergestellten Ware, deren Herstellung und Handel von Verlegern und Grossisten gesteuert wurde, waren die USA. Im Unterschied zu den deutschen Weihnachtsbäumen, die vor allem in Silber und mit wenigen roten Kugeln verziert waren, verlangte der amerikanische Markt nach bunten Kugeln der unterschiedlichsten Gestalt. Dieser Stil ist in den letzten 10 Jahren auch in Deutschland heimisch geworden.

Nach der Wiedervereinigung Deutschlands haben viele der kleinen Familienbetriebe für Christbaumschmuck an die Tradition der Großeltern anknüpfen können, die vor mehr als einem Menschenalter aufhören mussten. Die wesentliche Menge an gläsernem Weihnachtsschmuck wird heute jedoch von Firmen produziert, die im großen Stil arbeiten, zum Beispiel Inge-Glas oder Krebs-Glas. Diese halten sich jedoch ebenfalls an die alte Tradition des in Handarbeit hergestellten gläsernen Weihnachtsschmucks in der Art von Lauscha – ein deutscher Qualitätsbegriff, der auch nicht durch Nachahmungen und Imitationen des Auslandes hat gebrochen werden können.

Schornsteinfeger

Die geheimnisvolle schwarze Gestalt und seine angebliche Verbindung mit den Mächten der Unterwelt banden an den Schornsteinfeger manchen Aberglauben, die ihn heute noch zum Glücksbringer des Neujahrs machen. Als „schwarzer Mann“ diente er den Müttern allerdings auch im ganzen Jahr als Kinderschreck.

Der Schornsteinfeger ist mehr als ein „Sottje“. Als Experte für Kamine und Feuerstellen beriet er beim Hausbau und war unverzichtbarer Partner der Feuerversicherungen.

Glückhaft galt er nicht zuletzt daher, weil er bei seinem gefährlichen Tun, der Arbeit mit Feuer und Rauch, dem Aufsteigen durch enge Kamine und dem in der ganzen Stadt sichtbaren Seiltanz über die Dachfirste meist mit heiler Haut davonkam und somit selber Glück haben musste. Durch Handschlag konnte er dieses Glück auf andere übertragen.

Heute ist der Schornsteinfeger wichtige/r Fachmann/-frau für den Umweltschutz. Er/sie überwacht u. a. die Emissionswerte von Feuerstellen und Heizanlagen.

„Schwarzer Jakob“, Zeichng. Oskar Pletsch, 1863.

Spiele der Familie

Die Weihnachtstage waren die Zeit für Gesellschaftsspiele mit oder ohne Spielgerät. Auch hier bestimmte zunehmend die Produktion Thüringens und des Erzgebirges die Weihnachtszeit.

Spielgeräte wie das Kugelspiel „Kakulorum", das man ursprünglich für eine typische schleswig-holsteinische Spezialität hielt, stammen mit großer Wahrscheinlichkeit aus dem Grödnertal, später aus Thüringen. Spielgeld dieser Zeit waren frisch gebackene Pfeffernüsse, die in jeder Gegend einen eigenen Namen tragen. So heißen sie in Nordschleswig „Kneppelkot", auf den Halligen „Knerken", auf Föhr „Halligknecker" und in Angeln „Klütjes".

Weihnachten: Zeit für die Eisenbahn, um 1930.

Spielzeug

Das zu Weihnachten geschenkte Spielzeug stammte oft von den großen Weihnachtsmärkten, auf denen es häufig die Hersteller selbst verhandelten. Sie waren von weit her angereist, auch aus Thüringen und dem Erzgebirge, eine Tradition, die das Altonaer Museum in Hamburg in seinen großen Weihnachtsausstellungen und der Kunsthandwerkermesse hat wieder aufleben lassen. Mochte auch vieles in den Familien selbst hergestellt sein, war Spielzeug durch die Massenproduktion der deutschen Spielzeuggegenden des Erzgebirges (gedrechseltes Holz), Thüringens (Pappmaché und Porzellan) oder Nürnbergs (Blechspielzeug) für viele erschwinglich geworden. Die Verleger und Großhändler reagierten sofort auf Neuigkeiten und die Wünsche ihrer Kunden. Die Kenntnis dieser Neuigkeiten wurde in ihren Musterzimmern und auf den jährlichen Messen verbreitet. Erst nach dem Eingang der Bestellungen setzten sie bei ihren Heimindustriellen die Produktion in Gang.

Kugelspiel „Kakulorum", Grödnertal, um 1880, Altonaer Museum.

Billiges Spielzeug war erst nach der Einführung rationeller Herstellungsverfahren möglich, bei denen große Serien entstanden, beispielsweise durch das Drechseln (Holzreifentiere) oder verschiedene Abformtechniken, bei denen in gipserne Formen gegossene oder gedrückte Tiere und Figuren entstehen, oder durch gepresste Bleche das Blechspielzeug.

Tannenbaum

Der Lichter tragende Weihnachtsbaum ist heute so selbstverständlich, dass er zum Synonym für Weihnachten geworden ist, kein Requisit, sondern der Hauptdarsteller. Er ist jedoch keineswegs vor Jahrhunderten in dunklen heidnischen Zeiten entstanden, auch niemals eine „Jultanne“ gewesen, wie man in den 1930er und 40er Jahren Glauben machen wollte. Der Weihnachtsbaum hat andere Ahnen, in grünen Zweigen nämlich, wie sie heute noch als Barbarazweige Nutzen finden. Seit Jahrhunderten hat man sie benutzt, um die bösen Mächte zu Neujahr von Haus und Hof fern zu halten und Fruchtbarkeit zu „erzwingen“.

Der Tannenbaum im heutigen Sinn ist ein ausgesprochen protestantisches Phänomen, dem sich Menschen katholischen Glaubens erst spät anschlossen. Der Weihnachtsbaum in der heutigen Ausformung entsteht in der bürgerlichen Kleinfamilie des 19. Jahrhunderts. Sie hatte die Sitte vom Großbürgertum übernommen, das wiederum dem Adel nacheiferte. Aber auch der Adel hatte das Brauchtum adaptiert, von den Handwerker-Zünften. So erfahren wir aus einer Bremer Zunftchronik von 1570 von einem Tannenbaum im Zunfthaus, der für die Kinder aufgestellt und mit Äpfeln, Nüssen, Brezeln, Datteln und Blumen aus Papier geschmückt war.

Baumbehang aus Zinn, (Nürnberg?), Altonaer Museum.

Ein früher Tannenbaum in Norddeutschland ist durch die schöne Zeichnung von Theobald von Oër bekannt geworden: Das Wandsbeker Schloss mit der Weihnachtsstube von Matthias Claudius und dem damaligen Dichtergott Klopstock.

Am herzoglichen Hofe Carl Augusts lernt Goethe in dessen Diensten 1822 den Lichterbaum kennen:

„Bäume leuchtend, Bäume blendend.
Überall das Süße spendend.
In dem Glanze sich bewegend,
Alt und junges Herz erregend.
Solch ein Fest ist uns bescheret,
Mancher Gaben Schmuck verehret;
Staunend schaun wir auf und nieder,
Hin und her und immer wieder.“

Trotz der Nähe von Wandsbek und seines Weihnachtsbaumes beginnt sich der geschmückte Tannenbaum in Hamburg erst im ersten Viertel des 19. Jahrhunderts durchzusetzen. Bezeichnend sind dabei im Übrigen drei vom Hamburger Senat erlassene Verordnungen von 1818, 1819 und 1820, die verbieten, Weihnachtsbäume in die Stadt einzubringen, wenn an den Toren der Nachweis redlichen Erwerbs nicht erbracht werden kann. Man wollte dadurch Plünderungen von Gärten und Anpflanzungen in den Wäldern vermeiden, möglicherweise weil es zu diesem Zeitpunkt noch keinen geregelten Weihnachtsbaumhandel gab. Im Jahre 1817 erscheint ein ähnliches Verbot in Bremen. In Schleswig-Holstein taucht der Tannenbaum in den 1820er und 30er Jahren zunächst in den Städten auf, in die ländlichen Gebiete kommt es viel später. Um 1870 gab es zum Beispiel in den Vierlanden bei Hamburg einen geschmückten Christbaum nur in den Häusern der Bauern und Großkätner. Noch 1828 müssen geschmückte Lichterbäume für Hamburgs Umgegend etwas Neues und Ungewöhnliches gewesen sein.

Weihnachtsbaum in deutschem Lazarett, Schloss Versailles, 1870.

Nicht zuletzt durch die verbesserten Verkehrsbedingungen war es mit Hilfe der Eisenbahn seit Mitte des 19. Jahrhunderts möglich, große Mengen Tannen in die Städte zu liefern, etwa aus dem Harz oder Thüringen. Das Eintreffen dieser Transporte wurde in den Zeitungen bekannt gegeben. Zur Selbstverständlichkeit für alle Familien wurde der Tannenbaum allerdings erst nach der Popularisierung durch das Militär, so im Krieg 1870/71 und im Ersten Weltkrieg, wo Männer aus den unterschiedlichsten Gegenden Deutschlands den Lichterbaum in Lazaretten und Quartieren kennen lernten. Illustrierte Familienzeitschriften haben in Berichten und xylographischen Illustrationen davon berichtet. Im Ersten Weltkrieg tat eine Flut von Bildpostkarten und Photographien mit Weihnachtsbäumen ein Übriges.

Nach Dänemark hatte sich der Weihnachtsbaum vom Herzogtum Holstein aus verbreitet, der erste 1808 auf dem Gut Holsteinborg in Südseeland, wo enge familiäre Beziehungen zu Holstein bestanden. Kopenhagen erreichte die Sitte 1812, als der Holsteiner Martin Gottlieb Lehmann ihn für den anderthalbjährigen Sohn schmückte, wie er es selbst als Kind erlebt hatte. Studenten brachten die Kenntnis mit in ihre Heimatorte der Provinz, vornehmlich an die Pastorenhöfe.

Truthahn, Gans und andere Festbraten

Der volle Bauch zu Weihnachten, der diesem Fest auch den Namen „Fullbuuksabend“ gegeben hat, hängt mit dem nahen Jahresanfang zusammen. Ist nämlich zu Beginn des Jahres Essen im Überfluss vorhanden, wird es wie eine Art Zauber jeden Tag im Jahr genügend Nahrung geben. Die typischen Festtagsbraten unserer Tage, Truthahn, Ente und Gans, die überall in Deutschland gegessen werden, haben die typischen lokalen Gerichte in den meisten Orten verdrängt. Ein charakteristisches Weihnachtsgericht ist in Schleswig-Holstein am Heiligen Abend der Grünkohl, der nach Nordschleswiger Sitte mit geräucherter Schweinebacke und süßen Kartoffeln verzehrt wird.

Truthahn und Gans sind für Deutschland typische Festbraten, sei es für den Weihnachtsabend, sei es für den ersten Feiertag. Dabei stammte der Truthahn ursprünglich aus Südamerika und war aber bereits von 1590 an in England gehalten worden. Georg besaß in der ersten Hälfte des 18. Jahrhunderts im Richmond-Park eine Voliere mit 3000 solcher Vögel für die weihnachtliche Tafel. Wild gab es dieses indische Huhn im 18. und 19. Jahrhundert auch in großen Teilen der USA, wo es auch gezüchtet wurde, wie im ausgehenden 19. Jahrhundert in Frankreich, Spanien, Mähren, Ungarn und Serbien. Auf dem Kontinent war der Truthahn erst 1520 nach Spanien eingeführt worden, von wo er sich weiter verbreitete. In Deutschland wird er 1533 zuerst erwähnt. Um 1900 hatte man mit großem Erfolg zum Ersatz des aussterbenden Auerhahns in Deutschland eine Auswilderung versucht, so in Pommern, Ostpreußen und Hannover. Besonders nach dem Zweiten Weltkrieg wird Truthahn in Deutschland nach dem Vorbild der USA populär. Allerdings stellt sich das praktische Problem, wie man ihn in den Backofen bekommt. Bereits zweijährige Hähne wiegen 10 bis 15 Kilo und gemästete Hähne oft über 20, sodass bei uns meist einjährige „Babyputen“ gehandelt werden. Heute wird Pute in Deutschland besonders in Teilen verkauft und verarbeitet, etwa als Putenschenkel, beliebter aber sind noch Brustfilets.

Der klassische, weihnachtliche Festvogel ist in Deutschland hingegen die Gans. Diese war ursprünglich eine Martinsgans (→ *St. Martin*), deren Termin sich ebenso wie der Geschenktermin nach Weihnachten verlagert hatte. Bis zur Jahrhundertwende waren Gänse das traditionelle Jahresgeschenk für Pastor und Lehrer. Die Hausgans ist durch Züchtung aus verschiedenen Wildgansarten wie Graugans und Schneegans hervorgegangen, die in jedem Frühjahr und Herbst in großen Scharen das Land überziehen und deren Zug in vielen Märchen und Sagen einging. Viele Dörfer besaßen Gänseherden, die auf dem gemeinschaftlichen Land von Gänsehirten gehütet und zum Fressen angehalten wurden.

Die Nutzung der Gans bezog sich auch auf deren Federn, so werden aus den Schwungfedern der Flügel die Schreibfedern gewonnen. Gänse wurden aber auch regelrecht gehalten, um Federn für Kissen und Polster zu gewinnen, die man dem lebenden Tier im Oktober aus Brust und Bauch ausriss. Die zweite Federernte erfolgte schon Michaelis, die dritte und letzte nach der Schlachtung zu Martini am 11. November oder zu Weihnachten. So ist in der Vorweihnachtszeit das sog. „Federspleißen“ eine Beschäftigung für die weiblichen Familienmitglieder, ähnlich wie in den Spinnstuben, ausgefüllt mit Erzählungen und Genuss von Kaffee und Kuchen. Auf den bürgerlichen Haushalt übertragen, besonders für die Kinder und Dienstmädchen, ist diese Federorgie wie in einem Schneesturm ein köstliches Weihnachtserlebnis. Die Zubereitung der Gans als Braten erforderte eine große Backröhre, wenngleich bescheidener, als sie für den Truthahn nötig gewesen wäre. In den üblichen großen, gusseisernen Bratentopf, der im Allgemeinen den Sonntagsbraten aufnahm, passte der Vogel nicht hinein. So tragen jedenfalls in der Stadt die meisten Familien den gefüllten Vogel zum Bäcker, dessen großer Ofen auch die Festgänse der ganzen Nachbar-

Gänse, 1999.

schaft aufnimmt. Pünktlich zum Abendessen kann man ihn abholen. In den deutschen Landschaften bereitet man die Gans ganz unterschiedlich, z. B. in Ostpreußen mit Maronen und sauren Äpfeln, in Mecklenburg mit Thymian, in Schleswig-Holstein versüßte man ihn mit Rosinen, und in Nordschleswig mussten es Backpflaumen und Äpfel als Füllung sein. Überall aber wird die Gans als festliches Gericht ganz serviert, auf einer großen Platte dargeboten, umgeben von gebackenen Äpfeln und/oder von karamellisierten Kartoffeln. Die Schenkel trugen Manschetten aus Papier zur leichteren Handhabung. Während die Mutter der Familie nicht nur den Einkauf, sondern womöglich auch das Schlachten und Rupfen zu besorgen hatte, stand dem Familienvater das Vorschneiden und das Verteilen der Stücke selbstverständlich zu. Eventuelles Personal wie das Dienstmädchen saß natürlich nicht mit am Familientisch, sie durfte sich in der Küche an den Resten bedienen, es sei denn, der Haushalt war so groß, dass das Personal einen eigenen Tisch besaß und auch entsprechend einen eigenen Braten erhielt. Die Rezepte in den Kochbüchern des ausgehenden 18. und frühen 19. Jahrhundert gehen in der Bereitung alle von einer offenen Feuerstelle aus, auf der die Gans am Spieß brät und dauernd gewendet werden muss.

„Eine Gans zu braten
Nach dem die Gans … gesenkt worden ist, wird sie eine Stunde in Wasser gelegt gut ausgewaschen; damit das Blut, was etwa noch am Rücken sitzt, ausgerissen wird und mit einem Tuch ausgetrocknet, auch wohl mit Salz ausgerieben und langsam am Spieß gar gebraten. Anfangs muß sie mit Butter begossen und nachher mit ihrem eigenen Fett gut braten und gut gesalzen werden. Auch wird ja darnach gesehen, daß sie zuletzt nicht begossen wird, sondern helles Feuer hat, damit die Haut recht knusprig wird, sonst bleibt sie zäh. Eine junge Gans braucht gar nicht im Wasser zu liegen, sondern wird nur ausgewaschen und oft mit Butter begossen.

Gefüllte Gans
Man koche Kastanien und ziehe die Haut ab, in gleichen werden einige Mandeln in der Länge geschnitten und große Rosinen gut gewaschen und aufgekocht, dann Borsttorfer Äpfel geschält und in Achtel geschnitten und die Krumen aus Weißbrot gerieben. Dieses alles wird mit etwas gestoßenem Zucker gut meliert und in den Rumpf der Gans gefüllt und zugenäht. Und so langsam wie bekannt gar gebraten. Man kann auch statt diesem Gefüllsel die Gans mit gekochtem, sauren Kohl füllen und wenn man sie anrichtet noch sauren Kohl herumlegen.

Gänse mit Pflaumen und Wein
Die Gänse brate man am Spieße, dann setze man die Pflaumen mit Wein, Wasser, Zucker und Zimmet zum Feuer und lasse sie kochen bis sie einem Sirup gleich werden. Nun gieße man die Pflaumen unten in die Schüssel und lege die Gans darauf. Zuweilen kocht man große halbe Äpfel mit Zucker und rotem Wein bis man die Schalen davon nehmen kann und garniert damit. Wenn man keine Pflaumen unten geben, koche man Äpfel mit rotem Wein.“
(Hamburgisches Kochbuch. 3. Aufl., 1798)

„Gänseschwarz oder Gänsepfeffer
Wenn man die Gans tötet läßt man das Blut in ein Geschirr worin etwas Essig sich befindet laufen, rührt es bis es kalt ist und bewahrt es auf bis man das Gänsepfeffer zubereiten kann. Dieses wird dann von dem Halse, den Flügeln, dem Magen und der Leber verfertigt. Auch kann man junges, nicht zu fettes Schweinefleisch mit hinzunehmen. Nachdem solches gehörig gewaschen, bringt man es mit halb Wasser und halb Essig aber nicht zu scharfen und Salz zu Feuer. Die Leber behält man zurück. Man schäumt es gut ab, gibt dann eine große Zwiebel, ein Lorbeerblatt, schwarzen und Nelkenpfeffer hinzu und läßt es damit weich kochen. Dann schwitzt man etwas Mehl in Butter, gibt es hinzu, tut die Leber hinein und läßt es noch eine Viertel-Stunde kochen. Das Blut gibt man zuletzt durch einen Durchschlag dazu und läßt es so eben aufkochen. Man kann auch in vier Teile geschälte große Birnen hinzugeben wie auch Mehl oder Kartoffelklümpe. Man kocht auch auf diese Weise ganze in beliebige Stücke geschnittene Gänse ein. Wenn man sie einige Zeit konservieren, so legt man sie in einen Steintopf und gießt sie mit gutem Hammelnierenfett zu.“
(Sophie Armster: Neues Kochbuch. 1828)

Umzüge und Bettelgänge

Ein traditioneller Neujahrsbrauch war das Rummelpott-Laufen. Der Rummelpott war ein irdener mit einer Schweinsblase bespannter Topf, in deren Mitte ein Schilfrohr oder Reetstück eingefügt war, das mit nassen Fingern bestrichen ein brummendes Geräusch erzeugte, das durch den Resonanzboden des Topfes verstärkt wurde. Begleitet wurde es von klappernden Kieseln, die man zuvor in das Gefäß getan hatte. Der Rummelpott hatte eigene Verse, die sich in ganz Norddeutschland ähneln, trotzdem aber von Gegend zu Gegend unterschiedlich sind:

„Rummel, rummel, rusch,
de Nigger set in'n Busch,
giv mi 'n lütten Appelkoken
oder eene Wust.
Is de Wust to kleen,
givst me twee för een.“
„Rummel, rummel, rooken,
giv mi 'n Appelkoken,
lot mi nich to lange stohn,
denn ik mutt noch wieder gohn.
Een Hus wieder,
wohnt der Schnieder,
een Hus achter,
wohnt der Slachter,
een Hus wiederan,
wohnt der Wiehnachtsman.
Hau de Katt den Steert af,
hau em nich to lang af.“

An den Türen abgesungen, machten die Bewohner auf, hörten dem Gesang zu und gaben gerne in die bereit gehaltenen Säcke Leckereien, Obst und kleine Münzen. Gab es jedoch nichts, wurde dieser Geiz mit entsprechenden Versen bedacht: „Witte Tweern, swatte Tweern, ohle Wieber geevt nich geern.“

Andernorts hieß es:

„Fruken, mok de Dör op.
De Rummelpott will rin.
Dor kömmt een Schipp von Holland,
dat hett so'n moie Wind.
Bootsmann,wiss du wieken?
Speelmann, wiss du strieken?
Sett de Segel in de Topp
und giff mi wat in de Rummelpott.“

Ein anderer Vers lautete:

„Ick seh de Schosteen roken
un all de Appelkoken
swimmen in dat Fett.
Un sünd se'n beten kleen,
so gifft dat twee för een.
Un sünd se'n beten groot,
so hett dat ok keen Not.“

Diese Bettelgänge, die ursprünglich auch von Erwachsenen vollzogen wurden, sind heute ausschließlich ein Kinderspaß. Auf dem Lande vielfach ausgestorben, werden sie auch hin und wieder in der Stadt ausgeübt, sind aber im Schwinden begriffen, ebenso wie die Kenntnis der entsprechenden Verse und Lieder, die in Hamburg meist gesungen wurden als „een Hus achter, wohnt der Slachter, een Hus nieder, wohnt der Snieder, een Hus um de Eck, wohnt der Bäcker Beck. Loot mi nich to lange stoon, denn ik möt ooch wieder goon.“ In manchen der Hamburger Landgebiete hat sich der Neujahrsbettelgang der Kinder schon seit den 1920er Jahren auf einen Frühjahrstermin verlagert, der selbst innerhalb der Vierlande von Dorf zu Dorf an verschiedenen Tagen stattfindet und dort „Hohmerhü“ nach dem hölzernen Schlegel genannt wird, mit dem man an die Türen klopft. Im Laufe der letzten zehn Jahre hat sich zwar diese Sitte noch erhalten, aber beim Umgang ist kaum noch ein Kind verkleidet. Trotzdem halten besonders die älteren Anwohner einen ganzen Korb mit Süßigkeiten bereit.

Vorrat

Typisch für eine sesshafte bäuerliche Gesellschaft ist die Aufbewahrung und Konservierung der Ernte, die im Winterhalbjahr für den persönlichen Verbrauch oder den Verkauf zur Verfügung stehen musste. Die alten klassischen Methoden des Konservierens haben ganz bestimmte Typen von Lebensmitteln geschaffen, deren Geschmacksnoten wir bis heute schätzen, deren Herstellungsverfahren sich inzwischen aber geändert haben: trocknen, zuckern, salzen, räuchern und säuern. Am wichtigsten war es, die Kornernte und das Heu für die Tiere sicher aufzuheben, was auf dem Kornboden der bäuerlichen Anwesen geschah. Eine typische Winterarbeit war das Dreschen des Getreides, das durch die Beräucherung von der offenen Herdstelle von Ungeziefer und Schimmel freigehalten war. Der Rauch des Feuers diente auch zur Konservierung der zuvor gesalzenen Fleischvorräte wie Schinken und Würsten.

Durch Trocknen erhält man Apfelringe, mit Zuckern bzw. Einkochen eingelegte Pflaumen, Marmeladen und Kompott. Fleisch und Gemüse lassen sich durch Salzen haltbar machen und Kohl durch Säuern. All diese Zutaten gehen in die großen Feste des Winterhalbjahres ein und geben den Gerichten eine besondere Note. Im kleinen Maßstab besorgte in der Stadt der bürgerliche Haushalt in der Speisekammer ebensolche Vorräte, eine Kunst, die weitgehend in Vergessenheit geraten ist – heutzutage beschränkt sie sich lediglich auf das Herstellen von Marmelade und Rumtöpfen.

Zur Aufbewahrung dieser Vorräte gibt es stadt- und landtypische Hilfsmittel: hölzerne Fässer oder irdene Gefäße. Diese stammten von den örtlichen Töpfern, es sei denn man wollte darin Saures aufbewahren, dann bezog man salzglasierte Ware von den örtlichen Märkten, wohin Händler von fern her kamen, etwa aus dem Rheinland. Ein wesentlicher Teil der Festvorbereitung ist es, die konservierten Nahrungsmittel für den Genuss aufzubereiten, etwa gesalzenes Fleisch zu wässern oder getrocknetes Obst und Gemüse einzuweichen. Äpfel, Kartoffeln und Gemüse hielten sich bis in die Weihnachtszeit auch in kühlen Kellern frisch, eingelegt auch in Schichten aus Sand. Auch das Brot stellte man jeweils in größeren Portionen her, auf dem Lande in steinernen Backöfen, die oftmals mehrere Höfe bedienten. In der Stadt übernimmt der Bäcker mit seinem Laden stellvertretend die Bevorratung und Portionierung, während größere, städtische Haushalte oftmals ebenfalls ihr Brot buken, bevor die Brotfabriken und Großbäckereien dieses rationeller bewerkstelligten.

Puppenladen, Kolonialwaren, um 1910, Altonaer Museum.

Weihnachtsmann

Der Weihnachtsmann, wie wir ihn heute kennen mit weißem Bart und rotem, weiß gesäumtem Mantel, langen Stiefeln, Gabensack und Rute, ist eine Entwicklung des ausgehenden 19. Jahrhunderts. In ihm fließen unterschiedliche Vorstellungen von Gabenbringern zusammen. Aussehen und Benehmen übernimmt er vor allem vom Nikolaus, auch dessen Doppelcharakter als Bestrafer der „bösen Kinder“ und Belohner der Fleißigen und Folgsamen. Bildliche Darstellungen, wie die des Niklas im Struwwelpeter von Heinrich Hoffmann, deutsche Postkarten, Glanzbilder und Pappmachéfiguren aus Thüringen haben zusammen eine künstliche Figur enstehen lassen, die im Volksglauben oder religiösen Vorstellungen keinerlei Rückhalt hat. Wesentlich wurde dieses Bild vom amerikanischen Markt mit gestaltet.

Weihnachtsmann, Oblate um 1920, Altonaer Museum.

Dieser war der größte Abnehmer von hohlen Nikolausfiguren, die sich in der Vorweihnachtszeit mit Leckereien füllen ließen. Die rot-weiße Erscheinung manifestiert sich jedoch erst in den 1920er Jahren, seit dem die Firma von Coca-Cola den deutschen Weihnachtsmann für ihre Zwecke nutzte. Prägend für das Erscheinungsbild des Weihnachtsmannes ist die große Schaugruppe der Weltausstellung in Paris von 1900 gewesen. Die Sonneberger Spielzeugindustrie hatte einen Weihnachtsmann mit Schlitten kreiert, welcher von Rothirschen gezogen wird und dessen Abbild in Form von Postkarten und Glanzbildern um die ganze Welt ging.

Nach amerikanischem Muster haben deutsche Kaufhäuser sich des Weihnachtsmannes angenommen. Bereits in den frühen 1950er Jahren konnten sich Kinder im Hamburger Alsterhaus zusammen mit dem Weihnachtsmann fotografieren lassen. An mancher Straßenecke der Innenstädte gab es Fotografen, dessen Gehilfe als Weihnachtsmann verkleidet war und mit einem jämmerlich nachgebildeten Rentier oder Eisbären den Anlass für eine schnelle Fotografie mit zufällig vorbeikommenden Kindern bot. Die Ausstattung des Weihnachtsmannes besteht bis heute aus Mantel und Maske. Letztere sind aus Kunststoff, zuvor waren sie aber bis in die 1950er Jahre aus Papiermaché, und stammten aus den Thüringer Maskenmanufakturen. Einer der wenigen klassischen Hersteller ist bis heute Irene Hanf in Ohrdruf/Thüringen.

Weihnachtspostkarte

Aus den Weihnachts- bzw. Neujahrswünschen entwickelte sich die Weihnachtspostkarte. Diese geht ursprünglich auf die englische Postreform von 1840 zurück. Nach dieser musste nämlich erstmals der Absender, nicht der Empfänger, den Versand bezahlen, welches er mit einer aufgeklebten Quittungsmarke, der berühmten „Ein-Penny-Briefmarke“ bewies. Ein

Weihnachtsmann, motorisiert, Postkarte, versandt 1939, Altonaer Museum.

Prinzip, das im Übrigen in Europa schnell imitiert wurde. Eine weitere grundlegende Voraussetzung war jedoch der offene Versand, der als Vorschlag schon 1865 in Karlsruhe dem Postkongress vorgelegt worden war und dort auf große Skepsis stieß. Der Durchbruch kommt erst durch das Militär zustande. Auf Betreiben von Emanuel Hermann, der Professor an der Militärakademie in Wien war, entsteht dort seit 1869 die Postkarte unter der Bezeichnung „Korrespondanz-Karte". Dabei blieb freilich das Briefgeheimnis auf der Strecke, was der militärischen Zensur freilich sehr willkommen sein musste. Bereits im deutsch-französischen Krieg 1870/71 werden von den deutschen Kämpfern über 10 Millionen Karten verschickt. Die billige Bebilderung solcher Karten war möglich, da die lithographische Schnellpresse seit 1852 den farbigen Druck gewährleistete. Noch vor der Jahrhundertwende füllen daher farbige Bilder die eine Kartenseite völlig aus, oftmals bereits mit fertigem Segenswunsch, der sich auf das typische „Frohe Weihnachten" oder „Gesegnetes Neues Jahr" beschränkt. Ein persönlicher Gruß durfte bis 1905 nur auf der Bildseite hinzugefügt werden. An dieser Art von Weihnachtskarten hat sich bis heute prinzipiell nichts geändert.

Weihnachtswünsche

Die heutigen Weihnachtskarten, die wir seit dem ausgehenden 19. Jahrhundert offen oder im Briefumschlag versenden, gehen auf gedruckte Neujahrswünsche zurück, wie sie bereits im 16. Jahrhundert ein „Gutneujahr" wünschten. Ihre Blütezeit hatten solche Blätter, die teils fertige Texte, teils mit Schrift selbst auszufüllen waren, im 18. und in der ersten Hälfte des 19. Jahrhunderts. Mit der Entwicklung der graphischen Technik zu immer größeren Auflagen

Weihnachtswunsch, kolor. Radierung, um 1850, Altonaer Museum.

und geringerem Preis entwickelten sich hieraus Weihnachtswünsche, die Kinder ihren Eltern und Paten zukommen ließen. In Hamburg sind seit spätestens 1731 solche Wunschbriefe bekannt. Das typische Schema ist dabei ein reicher Rahmen mit Figuren, biblischen Szenen oder symbolischen Darstellungen zum Jahreswechsel. Das Altonaer Museum besitzt von diesen vorgedruckten Wünschen eine große berühmte Sammlung. Oftmals wurden solche Wünsche auch auf Betreiben der Lehrer organisiert, in manchen Klassen noch heute. So erinnert sich der Hamburger Maler Berent Goos (1815–1885):

> „Die Angst aber, mit der solche Wünsche angefangen wurden, wie zitternd und zagend die ersten Worte: ‚Geliebte Eltern' auf dem Papier entstanden, nachdem die Feder zwei- bis dreimal auf dem Vorlegebogen versucht worden war, und die Vorsichtsmaßregeln gegen Tintenkleckse oder fehlerhafte Buchstaben sind mir noch heute aufs deutlichste erinnerlicht ..."

Der Text war einheitlich vom Oberlehrer verfasst.

Weihrauch

Weihrauch war neben Gold und Myrrhe eines der Geschenke, die nach dem biblischen Bericht die Heiligen Drei Könige dem Kind an der Krippe darbrachten. Weihrauch war zur damaligen Zeit eine große Kostbarkeit, musste es doch mühsam auf den Karawanenstraßen auf Kamelen nach Norden gebracht werden, wo es in den alten Kulturstaaten des Mittelmeerraumes in großen Mengen verschwelt wurde, eine Form von duftenden Rauchopfern, die die Gottheiten günstig stimmen sollten. Die katholische Kirche hat diese Räucherungen übernommen. Die Reformation hat sie in Deutschland weitgehend abgeschafft. Erhalten blieb jedoch das Rauchwerk noch zur Desinfektion und Beduftung von Räumen. Auch setzte man es medizinisch ein, die unterschiedlichsten Räuchermischungen, in denen auch Weihrauch enthalten sein konnte, gegen die unterschiedlichsten Krankheiten. Der Weihrauch, ein aromatisches Harz des Weihrauchbaumes „bosvellia carterii" ist bei normaler Temperatur geruchlos, entwickelt jedoch auf glühender Kohle den typischen aromatischen „Kirchenduft". Auch in Norddeutschland hat der Weihrauch freilich bis heute eine ungebrochene Tradition erlebt, besonders zu Weihnachten. Er geht ein in die Duftmischungen der Räucherkerzen, wie sie im Inneren der → *Räuchermännchen* verschwelen. Solche Räucherkerzen gab es in den Apotheken zu kaufen.

Wunschzettel

Die Weihnachtswünsche der Kinder protokollierte der Wunschzettel, gerichtet an den Weihnachtsmann und das Christkind, eine Auflistung in der Reihenfolge ihrer Wichtigkeit, mit dem allergrößten Wunsch an erster Stelle. Früher legte man solches Schreiben auf die Fensterbank und es verschwand über Nacht, zugestellt auf wundersame Art. Seit den 1970er Jahren wird mit den Gabenbringern auch direkt korrespondiert, denn deren sonst verborgener Aufenthaltsort ist von den Kindern aufgespürt worden. Musste er doch zu finden sein etwa in „Himmelreich" im Alten Land bei Stade, in „Himmelstür" im Harz oder dem süddeutschen „Himmelstadt". Andere sandten, wie amerikanische Kinder häufig auch, ihre Post direkt nach Grönland. Die Postämter der betreffenden Orte haben sich Serienbriefe zugelegt und antworten seitdem auf die Briefflutten. Ganz gründliche Kinder jedoch fertigen einen Durchschlag oder eine Fotokopie ihres Weihnachtswunsches an, um die Eltern zu informieren und die Erfolgsaussichten zu erhöhen, und schließlich gibt der allgemeine Erfolg der Wunschzettel ihnen im Allgemeinen Recht. Außerdem haben die Erwachsenen längst die Methode übernommen: angefangen bei der Konfirmation über die Verlobung bis zur Hochzeit schicken die Einladenden eine lange Liste, in denen man sich als Gast eintragen und ein gewünschtes Geschenk gewissermaßen „buchen" kann, um lästige Doppelungen und Umtauschaktionen zu vermeiden. (→ *Weihnachtswünsche*)

Xmas: amerikanische Weihnachten

In den USA wurde das Weihnachtsfest wesentlich von der Herkunft der Einwanderer bestimmt. Die Vorstellungen der deutschen, skandinavischen, englischen, irischen, italienischen Einwanderer haben sich weitgehend vermischt. Trotzdem gibt es auch in amerikanischen Familien individuelle, ererbte Reste aus der alten Heimat, etwa bei deutschstämmigen Familien, die eine gewisse persönliche Note in das meist überladene amerikanische Weihnachtsfest hineinzubekommen versuchen. Reiche Möglichkeit, an die entsprechende Ausstattung zu gelangen, bieten amerikanische Weihnachtsläden, die das ganze Jahr über Zubehör für das Fest bereithalten. Große, deutsche Hersteller von Christbaumkugeln haben längst in den USA Filialen eröffnet und lassen bestimmte Dinge, die den Transport übers Meer nicht lohnen, vor Ort fabrizieren. Ansonsten aber fahren amerikanische Aufkäufer, wie seit Generationen, zu den deutschen Messen oder ordern in den Musterzimmern der Hersteller von Weihnachtszubehör. In der Gestaltung des europäischen Weihnachtsmannes hat Amerika wesentlichen Einfluss gehabt, einzelne, dekorative Elemente, wie der Ilex-Kranz (Stechpalme) an der Haustür, ist erst mit den amerikanischen Soldaten nach dem Zweiten Weltkrieg in Deutschland heimisch geworden. Die großen, amerikanischen Weihnachtsparaden beginnen auch in Deutschland ihre Wirkung zu zeigen, beispielsweise gibt es seit zwei Jahren auf der Mönckebergstraße in Hamburg nach diesem Vorbild einen großen Weihnachtsumzug mit Riesenfiguren, der täglich mehrmals startet und die Weihnachtseinkäufer animieren soll.

Yen

Die traditionellen, weihnachtlichen deutschen Erfolgsmodelle sind auf dem Weltmarkt sehr begehrt: Nussknacker, Räuchermännchen, Pyramiden und Miniaturen, die, da reine Handarbeit, freilich preislich im oberen Bereich liegen. Dieses Niveau haben Länder in Fernost in 40 Jahren zu unterlaufen versucht, indem sie nach deutschen Mustern mit Drechselmaschinen billige Imitate herstellen, die sich im Preisniveau etwa 1:5 verhalten, gern aber von Kaufhäusern und Kaffeeketten angeboten werden. Die Haltbarkeit dieser Billigserien ist begrenzt, gleichfalls ist das Aussehen, gemessen an den Vorbildern, weniger ansprechend. Zur Unterscheidung der Herkunftsländer hat die Zollunterrichtsanstalt in Hamburg sich etwa 1994 eine Mustersammlung angelegt, die die ganze Breite des „Marktirrtums" offenbart und das Auge der Import-Zöllner schärfen soll, ob es sich dabei um Kunsthandwerk oder Dekoartikel handelt. Die großen kulturgeschichtlichen Ausstellungen zur Weihnachtszeit im Altonaer Museum haben versucht, durch Vergleich von Original und Nachbildung Qualitätsbewusstsein beim Verbraucher zu erzeugen. Das Ministerium für Wirtschaft und Arbeit in Sachsen hat die Erzgebirgische Holzkunst mit einer Werbekampagne unter Einführung eines neu entwickelten Symbols für Erzgebirgische Holzkunstprodukte lanciert: „Echt Erzgebirge – Holzkunst mit Herz" mit dem Logo des Reiterleins, was zu einer unmittelbaren Auftragssteigerung in Seiffen führte. Während die dortigen Produkte eine Anschaffung fürs Leben sind, überdauern die Imitate wegen ihrer mangelhaften handwerklichen Qualität meist nur kurze Zeit. Die ausländischen Importeure haben versucht, Warenlager in Seiffen einzurichten, um so den Produkten das Etikett „Herkunftsland Deutschland" beigeben zu dürfen – glücklicherweise fand sich bisher keiner bereit, etwas zu vermieten.

Zapfen

Die Zapfen von Tanne, Fichte und Kiefer wurden zu beliebten weihnachtlichen Symbolen und zum Schmuck des Weihnachtsbaumes. Ähnlich wie Nüsse waren sie der Inbegriff des Wintervorrats. Eichhörnchen und Zapfen standen beispielhaft für das Weihnachten der Tiere im Walde. Die meisten geschlagenen Weihnachtsbäume besaßen keine eigenen Zapfen, deshalb wurde ihnen gewissermaßen mit „fremden Federn" etwas nachgeholfen. Dafür wurden diese vergoldet oder versilbert und mit Bandschlaufen versehen, um sie über die Zweige zu hängen. Der gläserne Weihnachtsschmuck aus Lauscha imitiert diesen Baumschmuck. Er wird heute ebenso wie die ungefärbten, silbernen Kugeln als altdeutscher Schmuck bezeichnet, im Gegensatz zu den bunten, farbenreichen, amerikanischen Stücken.

Aus Zapfen wurden auch allerhand Zwerge und Tiere gebastelt, die teilweise die kleine Welt unter dem Weihnachtsbaum bevölkerten oder aber an den Baum selbst gehängt werden konnten.

Zapfen der Kiefer, 1999.

Zapfen-Zwerg, Thüringen um 1930, Privatbesitz.

Zweige und Ruten

Bevor der Weihnachtsbaum bzw. der Tannenbaum in der bürgerlichen Familie zum Mittelpunkt des Weihnachtsfestes wurde, sind vielerorts grüne Zweige in ähnlicher Weise verwendet worden. In ihnen liegt wohl der Anfang für das Weihnachtsgrün in der Stube. Solche „Weihnachtsmaien" sind bereits um 1500 belegt, als Schutz von Haus und Heim. So schreibt Sebastian Brand 1494 im Narrenschiff:

„Und wer nit etwa nues hat uns ump das nujahr singen gat und grin tannenries steckt in sin hus der meint, er leb das ganze jahr nit us!"

In der Mark Brandenburg hat man lange solche Maien benutzt. Der Kurfürst Friedrich III., später Friedrich I. in Preußen, lässt ein Verbot derselben 1693 in den Kirchen verkünden. Frische Ruten kommen auch zum Einsatz am 28. Dezember, dem Tag der „Unschuldigen Kindlein", es gilt damit beim Umgang der Kinder Passanten zu schlagen und um Geschenke anzugehen; Schlagen mit solchen Ruten nannte sich auch „pfeffern", woraus sich möglicherweise der Name „Pfeffernüsse" ableitet, mit denen die bettelnden Kinder beschenkt werden.

Verwendete und weiterführende Literatur

Altonaer Museum (Hg.): Erzgebirge. Die Sehnsucht nach dem Licht, Katalog zur Ausstellung im Altonaer Museum 1992/93, Hamburg 1992

Altonaer Museum (Hg.): Erzgebirge. König Nussknacker. Von Nüssen und dem Geheimnis, sie zu knacken, Katalog zur Ausstellung im Altonaer Museum 1993/94, Hamburg 1993

Altonaer Museum (Hg.): Erzgebirge. Der Duft des Himmels, Katalog zur Ausstellung im Altonaer Museum 1994/95, Hamburg 1994

Altonaer Museum (Hg.): Thüringen. Das gläserne Paradies, Katalog zur Ausstellung im Altonaer Museum 1996/97, Hamburg 1996

Altonaer Museum (Hg.): Thüringen. Spielzeug aus Sonneberg, Katalog zur Ausstellung im Altonaer Museum 1997/98, Hamburg 1997

Auerbach, Konrad (ed.): Geschichten von Nussknackern. Ein Werkzeug wird Symbolfigur, Schriftenreihe des Erzgebirgischen Spielzeugmuseums, Seiffen, Heft 6, Seiffen 1992

Bausinger, Hermann u. a.: Weihnachten in Vergangenheit und Gegenwart, Ausst.Kat. des Ludwig-Uhland-Institutes für Volkskunde an der Universität Tübingen, Tübingen 1964

Bestelmeier, Georg Hieronimus: Magazin von verschiedenen Kunst und anderen nützlichen Sachen…, 1803, Neudruck: Zürich 1979

Borchers, Elisabeth (Hg.): Das Weihnachtsbuch, Frankfurt am Main 1973

Burgwardt, Heinrich: Der Bildungsfreund, I, Altona 4/1867

Cassel, Paulus: Weihnachten – Ursprung, Bräuche und Aberglauben, Berlin o. J. (1862), unveränderter Neudruck der Ausgabe von 1862, Walluf bei Wiesbaden 1973

Dörr, Friedrich: Christabend, Halle 1856

Elm, Hugo: Das goldene Weihnachtsbuch, Halle 1878

Eversberg, Gerd: Theodor Storms Weihnachten, Husum 1993

Gaethe, Birte: Liebesgaben für den Schützengraben 1914–18, Ausst. u. Katalog, Altonaer Museum, Hamburg 1994

Handelmann, Heinrich: Weihnachten in Schleswig-Holstein, Kiel 1866

Hinrichsen, Torkild: Spielzeug. Ein Kindertraum. Spielen und Spielzeug in Norddeutschland, Husum 1996

Hinrichsen, Torkild: Spielzeug, München 1980

Hoffmann, E. T. A.: Nussknacker und Mausekönig, Leipzig 1816

Hoffmann, Hans: Die Heiligen Drei Könige. Zur Heiligenverehrung im kirchlichen, gesellschaftlichen und politischen Leben des Mittelalters, Bonn 1975

Jaacks, Gisela u. Gockerell, Nina: Weihnachtliche Bräuche in Hamburg und Norddeutschland, in München und in Oberbayern, München 1985

Kaufmann, Gerhard: Glückwünsche auf Postkarten. Ausst. und Katalog. Hamburg 1977

Krünitz, Johann Georg: Ökonomisch-technologische Encyklopaedie …, Bd. 103, Berlin 1806 (Artikel Nuss). Bd. 22, Berlin 1789 (Artikel Hasel)

Lauffer, Otto: Der Weihnachtsbaum in Glauben und Brauch (Hort deutscher Volkskunde; 1), Berlin /Leipzig 1934

Mantel, Kurt: Geschichte des Weihnachtsbaumes und ähnlicher weihnachtlicher Formen, Hannover 1975

Metken, Sigrid: Sankt Nikolaus in Kunst und Volksbrauch, Duisburg 1966

Meyer, Arnold: Das Weihnachtsfest, seine Entstehung und Entwicklung, Tübingen 1913

Müller, Renate: Licht und Feuer im ländlichen Haushalt, Ausst. u. Katalog, Altonaer Museum

Paulsen, Gundel (Hg.): Schleswig-Holsteinisches Weihnachtsbuch. Geschichten, Gedichte und Bilder aus der Zeit zwischen Advent und Dreikönigsfest, Husum 1996

Riemerschmidt, Ulrich: Weihnachten. Kult und Brauchtum einst und jetzt, Hamburg 1962

Rietschel, Georg: Weihnachten in Kirche, Kunst und Volksleben, Bielefeld / Leipzig 1902

Roesler, J. K. u. Eckhardt, H. G.: Christbaumschmuck. Beschäftigung für häusliche Kreise und für Knaben-Handfertigkeitsunterricht, Leipzig 1895

Ruland, Josef: Weihnachten in Deutschland, Bonn 1978

Sauermann, Dietmar (Hg.): Weihnachten in Westfalen um 1900, Münster 1976

Schwindrazheim, Hildamarie: Hamburger Weihnachtswünsche aus dem 18. und 19. Jahrhundert, Hamburg o.J.

Selk, Paul: Mittwinter und Weihnachten in Schleswig-Holstein, Heide 1976

Sievers-Flägel, Gudrun: Alle Jahre wieder … Weihnachten in Kiel, Ausstellung im Kieler Stadtmuseum, Kiel 1984

Skriver, Carl Anders: Der Weihnachtsbaum, München 1966

Spamer, Adolf: Weihnachten in alter und in neuer Zeit, Jena 1937

Stille, Eva: Alter Christbaumschmuck, Nürnberg 1972

Tille, Alexander: Die Geschichte der deutschen Weihnacht, Leipzig 1893

Weber-Kellermann, Ingeborg: Saure Wochen. Frohe Feste. Fest und Alltag in der Sprache der Bräuche, München / Luzern 1985

Weber-Kellermann, Ingeborg: Das Weihnachtsfest. Eine Kultur- und Sozialgeschichte der Weihnachtszeit, Luzern / Frankfurt a. M. 1978

Winkler, Johannes: Entwicklung und Lage der Holzspielwarenindustrie des sächsischen Erzgebirges in den beiden letzten Jahrzehnten (Diss.), Halle / Wittenberg 1935

Zechlin, Ruth: Weihnachtliches. Christbaumschmuck und Weihnachtsbasteleien, Ravensburg 1965

Zinn, Clara: Kinderspiel und Spielzeug, Berlin / Leipzig 1910

Inhalt